DIE SPRACHE DER
STERNE

EIN VISUELLER SCHLÜSSEL ZU DEN GEHEIMNISSEN DES HIMMELS

GEOFFREY CORNELIUS & PAUL DEVEREUX

PATMOS

THE LANGUAGE OF STARS AND PLANETS
Geoffrey Cornelius & Paul Devereux

Conceived, created and designed by Duncan Baird
Publishers Ltd.

All Rights reserved
Copyright © Duncan Baird Publishers 2002
Text Copyright © Duncan Baird Publishers 1996 & 2002
Artwork Copyright © Duncan Baird Publishers 1996
For copyright of photographs see page 366, which is to be
regarded as an extension of this copyright

Übersetzung aus dem Englischen: Bettina Dietrich, für Print
Company Verlagsgesellschaft m.b.H., Wien

Die Deutsche Bibliothek verzeichnet
diese Publikation in der Deutschen Nationalbibliografie;
detaillierte bibliografische Daten
sind im Internet über http://dnb.ddb.de abrufbar.

© der deutschen Übersetzung 2004
Patmos Verlag GmbH & Co. KG, Düsseldorf
Alle Rechte vorbehalten
Printed in Thailand

ISBN 3-491-45042-X
www. patmos.de

INHALT

| EINLEITUNG | 8 |

DIE WISSENSCHAFT DES HIMMELS	12
Giles Sparrow	
Die Erde und die Sonne 1	15
Die Erde und die Sonne 2	19
Der Mond 1	24
Der Mond 2	28
Die Planeten	33
Die Sterne	37
Der Tierkreis	41

DER GROSSE PLAN	44
Geoffrey Cornelius	
Himmel und Erde	47
Himmlische Ordnung	52
Menschlicher und göttlicher Kosmos	57
Himmlische Metaphern	61
Präzession und die großen Zeitalter	65

ENTSPRECHUNGEN	70
Geoffrey Cornelius	
Sterne, Orakel und Schicksal	73
Götterboten	77
Die Geschichte der Astrologie	82
Alchemie	88
Heilige Kalender	91
Chinesische Astrologie	95
Mythen und der Himmel	99

Inhalt

Inhalt

SONNE, MOND UND PLANETEN 106
Geoffrey Cornelius

Die Sonne	107
Der Mond	114
Merkur	120
Venus	125
Mars	130
Jupiter	135
Saturn	139
Die modernen Planeten	144

STERNBILDER 152
Geoffrey Cornelius

Orion	153
Großer und Kleiner Hund	158
Zwillinge und Auriga	163
Der Südhimmel	168
Krebs	172
Löwe	175
Jungfrau	181
Bootes und Nördliche Krone	186
Skorpion, Schlangenträger und Waage	191
Die Herkules-Gruppe	196
Schütze und Steinbock	201
Wassermann und Fische	205
Die Andromeda-Gruppe	210
Widder	222
Stier	225
Großer und Kleiner Bär	229
Die Milchstraße	234

KULTSTÄTTEN 240
Paul Devereux

Wissenschaftliche Grundlagen	241
Stonehenge	245
Avebury	256
Castlerigg	266
Maes Howe	268
Callanish	270
Loughcrew	272
Newgrange	275
Gavrinis	280
Er Grah	283
Die Externsteine	286
Die große Pyramide	289
Karnak	295
Dendera	300
Hashihaka	302
Vijayanagara	304
Gao Cheng Zhen	306
Cahokia	308
Casa Grande	312
Chaco Canyon	315
Hovenweep	321
Teotihuacán	323
Uxmal	329
Chichén Itzá	333
Machu Picchu	337
Uaxactún	340
Cuzco	342
Misminay	344
Europäische Kirchen des Mittelalters	348
Index	354
Bildnachweis	366

Inhalt

Diese Symbole repräsentieren die Tierkreiszeichen (oben) sowie Sonne, Mond und Planeten (unten). Sie wurden teilweise auf alten Steinreliefs gefunden oder stammen von ägyptischen Papyrusrollen.

EINLEITUNG

Dieses Buch beginnt mit einer illustrierten Darstellung jener Aspekte der Astronomie und der Fachterminologie des Tierkreises, die uns die Himmelskunde verstehen helfen. Die Sprache der Sterne und Planeten ist auch die Sprache des Versuchs – der verschiedensten Kulturen der Welt –, den Platz der Menschheit in einem geordneten Kosmos zu erklären: Das ist das Thema des zweiten Kapitels, „Der große Plan". Parallel dazu zeigt das dritte Kapitel, „Entsprechungen", die Beziehung zwischen Himmel und dem Reich, in dem wir leben, und behandelt Prophezeiung, Astrologie und die Interpretation himmlischer Symbole und Mythen als Archetypen. Die zwei „illustrierten Verzeichnisse" über „Sonne, Mond und Planeten" und die „Sternbilder" konzentrieren sich auf die symbolischen Zu-

Einleitung

EINLEITUNG

sammenhänge zwischen den wichtigsten Himmelskörpern und Sternformationen. Im letzten Kapitel, „Kultstätten", betrachten wir Monumente, die auf der ganzen Welt in frühesten Zeiten Verbindungen zwischen den irdischen und himmlischen Reichen herzustellen versuchten – um zu besonderen Zeiten im Jahr Linien zu Sonne, Mond und Sternen zu ziehen.

ANMERKUNG ZU STERNENNAMEN
Die Sternkarten auf den Seiten 154–231 dieses Buchs folgen dem astronomischen Brauch, die Sterne jeder Konstellation mit den Buchstaben des griechischen Alphabets zu benennen. In den meisten Fällen ist *Alpha* der hellste Stern, *Beta* der nächsthellste usw. Unten finden Sie die Buchstaben des griechischen Alphabets und deren Namen.

α Alpha	ι Iota	ρ Rho
β Beta	κ Kappa	σ Sigma
γ Gamma	λ Lambda	τ Tau
δ Delta	μ My	υ Ypsilon
ε Epsilon	ν Ny	φ Phi
ζ Zeta	ξ Xi	χ Chi
η Eta	ο Omikron	ψ Psi
θ Theta	π Pi	ω Omega

Ein Diagramm von 1543 zeigt die Umlaufbahnen der „alten" Planeten um die Sonne (die „modernen" Planeten Uranus, Neptun und Pluto waren damals unbekannt) und rundherum den Tierkreis. Diese Sicht des Sonnensystems war vor 1510 undenkbar, als der polnische Astronom Kopernikus als Erster behauptete, dass die Erde nicht der Mittelpunkt sei.

Die Wissenschaft des Himmels

Die symbolischen Verbindungen zwischen Himmel und Himmelskörpern können ohne Astronomie nicht verstanden werden. Sonnen- und Mondfinsternis, die Mondphasen, der Tierkreis, Schlüsselzeiten wie Tagundnachtgleiche oder Sonnenwende und große Zeitalter, wie das Zeitalter des Wassermanns, werden von Erde, Sonne, Mond, Planeten und Konstellationen verursacht, die ihre Positionen zueinander ändern, als ob eine riesige und komplexe Maschine Nacht für Nacht, Monat für Monat und Jahr für Jahr den Himmel erneuert.

Ein Planetarium aus dem 19. Jh., ein Modell des Sonnensystems, um die Umlaufbahnen der Planeten um die Sonne nachzubilden.

DIE WISSENSCHAFT DES HIMMELS

Die Erde und die Sonne 1

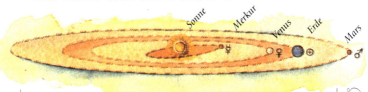

Die Sonne, der strahlende, glühende Stern im Herzen unseres Sonnensystems, kontrolliert Tag und Nacht, die Länge der Jahreszeiten und unsere Zeitmessung. Es ist daher kein Wunder, dass die Völker des Altertums riesige Monumente errichteten, um ihren Lauf zu verherrlichen.

Tatsächlich bewegt sich die Sonne gar nicht – es scheint nur so. Die Erde umkreist die Sonne in einer mittleren Entfernung von 150 Millionen km und benötigt für einen Umlauf 365,25 Tage, unserem Sonnenjahr: Alle 4 Jahre wird ein Schalttag angehängt. Die Planeten umkreisen die Sonne nahe an derselben Ebene, die man sich als flache Scheibe mit der Sonne als Mittelpunkt vorstellt und die „Ekliptik" genannt wird. Aus unserer

Die vier „erdähnlichen" Planeten des inneren Sonnensystems mit ihren gängigen Symbolen: Merkur, der Sonne am nächsten, umkreist die Sonne in 88 Tagen; Venus, die fast gleich groß ist wie die Erde, umkreist die Sonne in 225 Tagen; die Erde braucht 365,25 Tage (ein Jahr); und der Mars benötigt 687 Tage.

DIE WISSENSCHAFT DES HIMMELS

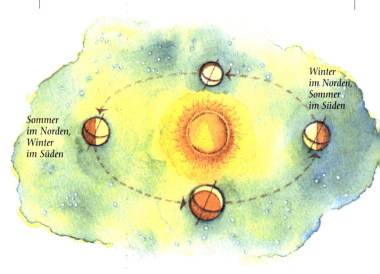

Sommer im Norden, Winter im Süden

Winter im Norden, Sommer im Süden

Während die Erde um die Sonne rotiert, zeigt ihre Achse immer in dieselbe Richtung. Dies erklärt die Jahreszeiten: Ein halbes Jahr neigt sich die nördliche Hemisphäre gegen die Sonne, in der anderen Jahreshälfte erhält die südliche Hemisphäre mehr Sonnenlicht.

Sicht ist die Ekliptik die scheinbare Sonnenbahn auf der Himmelskugel. Die Erde dreht sich auch um ihre eigene Achse, eine gedachte Gerade durch die Erde von Nord- bis Südpol. Eine Rotation beträgt 24 Stunden. Während dieser Zeit ist jeder Ort der Erde einmal der Sonne zu- (Tag) und einmal abgewandt (Nacht). Von der Erde aus scheint sich die Sonne um die Erde zu drehen – sie geht im Osten auf und im Westen unter.

Jahreszeiten entstehen durch die Änderung der Ausrichtung der Erde gegen die Sonne. Die Erdachse hat eine Neigung von 23,5° zur Ekliptik und neigt sich immer in dieselbe Richtung (siehe Diagramm gegenüber). Am 21. Juni ist der Nordpol der Sonne am nächsten – das ist die Sommersonnenwende der nördlichen Hemisphäre, wenn die Sonne am längsten Tag des Jahres ihren höchsten Punkt am Himmel erreicht. Gleichzeitig ist der Südpol am weitesten von der Sonne entfernt – dies ist die Wintersonnenwende der südlichen Hemisphäre, der kürzeste Tag des Jahres. Sechs Monate später, am 21. Dezember, wenn sich die Erde auf der anderen Seite der Sonne befindet, ist die Situation genau umgekehrt. Zwischen den Sonnenwenden liegen die Tagundnachtgleichen (Äquinoktien): Tag und Nacht sind in beiden Hemisphären gleich lang. Die Frühjahrs-Tagundnachtgleiche der einen Hemisphäre entspricht der Herbst-Tagundnachtgleiche der anderen.

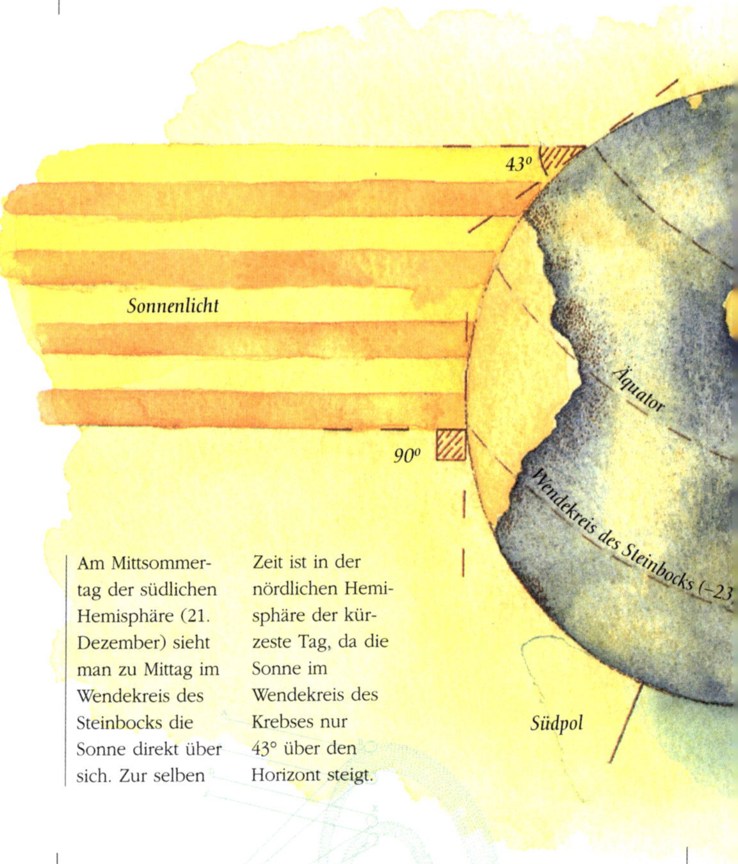

DIE WISSENSCHAFT DES HIMMELS

Sonnenlicht

43°

90°

Äquator

Wendekreis des Steinbocks (–23

Südpol

Am Mittsommertag der südlichen Hemisphäre (21. Dezember) sieht man zu Mittag im Wendekreis des Steinbocks die Sonne direkt über sich. Zur selben Zeit ist in der nördlichen Hemisphäre der kürzeste Tag, da die Sonne im Wendekreis des Krebses nur 43° über den Horizont steigt.

DIE WISSENSCHAFT DES HIMMELS

DIE ERDE UND DIE SONNE 2

Für einen Beobachter auf der
Erde scheinen sich die Himmelskörper in bestimmten
Bahnen um die Erde zu
bewegen. Obwohl wir
nicht mehr daran glau-
ben, dass unser Planet im
Zentrum des Univer-
sums stillsteht, greifen
Astronomen zur bes-
seren bildlichen Vor-
stellung noch immer
auf das alte Konzept
einer „Himmelssphäre" zu-
rück, auf die alle Objekte
am Himmel projiziert werden,
mit der Erde im Mittelpunkt (siehe
Diagramm auf S. 37). Diese Sphäre
ist eine Verlängerung der Erdoberfläche in
den Himmel. Jeder Punkt der Himmelssphäre folgt einer Kreisbahn um den
Himmelsnordpol und -südpol. Der Himmelsäquator – eine Verlängerung des

DIE WISSENSCHAFT DES HIMMELS

Die Erde und die Sonne 2

Erdäquators in den Weltraum – teilt die Himmelssphäre in zwei Hemisphären.

Der Himmelsnordpol liegt direkt über dem Nordpol der Erde (im Zenit, also dem senkrecht über dem Beobachter liegenden Punkt), der Himmelssüdpol genau über dem Südpol. Über dem Äquator verläuft der Himmelsäquator. Da sich die Erdachse zur Ekliptik, der Ebene des Sonnensystems, neigt, hat der Himmelsäquator eine Neigung von 23,5° zur Ekliptik.

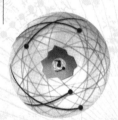

Der Punkt, an dem die Sonne den Himmelsäquator kreuzt und in die nördliche Hemisphäre eintritt, markiert den Frühlingsbeginn und wird Frühlings-Tagundnachtgleiche oder „Widderpunkt" genannt. Überall auf der Erde erreicht die Sonne ihren höchsten Punkt, wenn sie den Meridian quert – die Linie vom Zenit nach Süden (siehe Abbildung auf S. 22–23). Ein halbes Jahr befindet sich die Sonne in der südlichen Himmelshemisphäre, das andere halbe Jahr in der nördlichen. Wenn sich die Sonne südlich des Himmelsäquators bewegt, werden die Tage in der

20

nördlichen Hemisphäre kürzer, und die Sonne geht am Nordpol sechs Monate lang nicht auf. Umgekehrt – wenn sich die Sonne nördlich des Himmelsäquators bewegt – werden die Tage in der südlichen Hemisphäre kürzer.

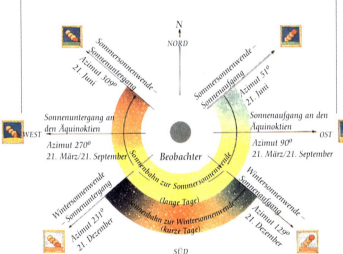

Dieses Diagramm zeigt die Azimute (Positionen am Horizont) der auf- und untergehenden Sonne bei Sonnenwende und Tagundnachtgleiche auf dem Breitengrad von Stonehenge (51°N). Das Azimut wird im Uhrzeigersinn vom Norden aus von 0° bis 360° gemessen.

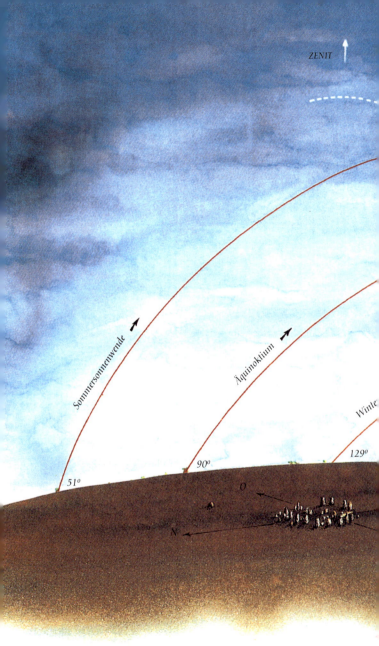

Der jährliche Lauf der Sonne am Breitengrad von Stonehenge (51°N). Sonnenaufgang und -untergang sind im Sommer nördlicher als im Winter. Die Sonne steht an der Sommersonnenwende am höchsten und geht an den Äquinoktien genau im Osten auf (siehe auch Diagramm auf S. 21).

Der Mond 1

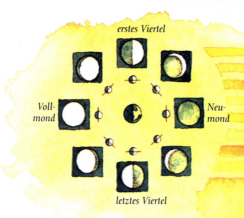

erstes Viertel
Vollmond
Neumond
letztes Viertel

Während einer Periode von 29,5 Tagen (etwas länger als seine Umlaufzeit um die Erde) sehen wir eine Veränderung des Mondes von Neumond, wenn die der Erde zugewandte Seite dunkel ist, zu Vollmond, wenn sie von der Sonne angeleuchtet wird.

Der Mond ist der einzige natürliche Satellit der Erde und besteht nur aus Gesteinen. Seine Fläche beträgt ein Viertel der Erdoberfläche. Er umkreist die Erde in einer Entfernung von nur 400 000 km, wodurch er für uns am Himmel so gut sichtbar ist. Seine und die Anziehungskraft der Sonne verursachen die Gezeiten. Die Gravitationskräfte von Erde und Sonne verlangsamen wiederum die Umlaufgeschwindigkeit des Mondes. Der Mond schaut immer

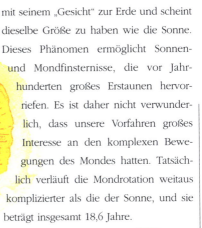

mit seinem „Gesicht" zur Erde und scheint dieselbe Größe zu haben wie die Sonne. Dieses Phänomen ermöglicht Sonnen- und Mondfinsternisse, die vor Jahrhunderten großes Erstaunen hervorriefen. Es ist daher nicht verwunderlich, dass unsere Vorfahren großes Interesse an den komplexen Bewegungen des Mondes hatten. Tatsächlich verläuft die Mondrotation weitaus komplizierter als die der Sonne, und sie beträgt insgesamt 18,6 Jahre.

Die wohl auffälligste Eigenschaft des Mondes sind seine Phasen, die sich in einer Periode von 29,5 Tagen wiederholen. Ausgehend von Neumond nimmt er über das erste Viertel bis zu Vollmond zu, um über das letzte Viertel bis Neumond abzunehmen. Diese Periode, der Mondmonat, ist etwas länger als seine Umlaufzeit (siehe S. 28), und der Mond muss daher vor jedem Neumond den Abstand zur Sonne „einholen".

Der Mond hat kein eigenes Licht, sondern scheint nur, weil er Licht von der

Der Mond 1

DIE WISSENSCHAFT DES HIMMELS

Der Mond 1

Sonne reflektiert. Während eines Monats verändert sich die Position des Mondes: Befindet er sich zwischen uns und der Sonne, so dass die sonnenbeschienene Seite von der Erde aus nicht gesehen werden kann, ist Neumond, steht er der Sonne direkt gegenüber, ist die der Erde zugewandte Seite beleuchtet, und es ist Vollmond. Manchmal sieht man bei zu- und abnehmendem Mond einen schwachen Schimmer auf den nicht beschienenen Teilen, der davon kommt, dass Sonnenlicht von irdischen Wolken oder dem Meer reflektiert wird. Dieses Phänomen wird als „Erdlicht" bezeichnet.

Die Oberfläche des Mondes, geprägt von Kratern und erkalteter Lava, scheint

Sonnen- oder Mondfinsternisse entstehen nur, wenn der Mond auf der Ekliptik liegt. Dies geschieht während eines Zyklus zwei Mal. Bei der Sonnenfinsternis wirft der Mond einen relativ kleinen Schatten auf die Erde, weswegen dieses Phänomen nur in einem kleinen Gebiet zu sehen ist. Aber bei der Mondfinsternis ist der Erdschatten Tausende Kilometer lang und sie kann daher länger und in einem größeren Gebiet beobachtet werden.

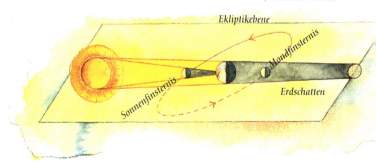

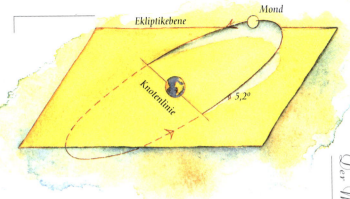

sich jede Nacht durch unterschiedliche Einstrahlungswinkel zu verändern. Man sieht diese Schatten am besten im ersten und letzten Viertel. In vielen Kulturen ist diese Wandlungsfähigkeit Bestandteil des Mondsymbolismus.

Neben der totalen Sonnenfinsternis gibt es auch weniger spektakuläre Formen. Bei der ringförmigen Sonnenfinsternis ist der Durchmesser des Mondes kleiner als jener der Sonne, und es entsteht ein leuchtender Ring. Bei partiellen Sonnen- oder Mondfinsternissen sind der Mond bzw. die Sonne nur teilweise zu sehen. Der Mond selbst kann von der Erde verdeckt werden (siehe Diagramm gegenüber).

Die Mondbahn ist kein perfekter Kreis, sondern eine Ellipse. Wegen der Neigung von 5,2° gegen die Ekliptik liegt die Mondbahn meist über oder unter der Ebene von Sonne und Erde. Jene Punkte, an denen der Mond die Ekliptik kreuzt, nennt man Knoten (auf- und absteigend), und die Linie durch die Erde, die sie verbindet, heißt Knotenlinie.

DIE WISSENSCHAFT DES HIMMELS

DER MOND 2

Der Mond braucht 27,33 Tage für einen vollständigen Umlauf um die Erde. Wenn wir den Rest des Himmels „einfrieren" könnten, wäre die Mondbahn während eines Monats klar ersichtlich – ein vollständiger Umlauf um den Himmel, zur Hälfte unter und zur Hälfte über der Ekliptik mit einer maximalen Neigung von 5,2°. Doch der Umlauf des Mondes verändert sich jeden Monat durch einen komplexen Rotationsmechanismus, und erst nach 18,6 Jahren erreicht er wieder seinen Ausgangspunkt.

Da die Erde eine Neigung von 23,5° gegen die Ekliptik hat, zeigt auch der Mond, ähnlich wie die Sonne, jahreszeitliche Veränderungen. Das leuchtet ein, wenn man bedenkt, dass zum Beispiel der Vollmond immer genau gegenüber der Sonne steht. Um sich die Bewegungen des Mondes besser vorstellen zu können, hilft es, sich nur auf den Vollmond zu konzentrieren und die monatliche Rotation einmal

DIE WISSENSCHAFT DES HIMMELS

Die Anziehungskräfte von Erde und Sonne bewirken alle 18,6 Jahre eine Drehung der Umlaufbahn des Mondes. Die Knoten, an denen der Mond die Ekliptik kreuzt, drehen sich ebenfalls. Dies nennt man Präzession der Knoten.

Der Mond 2

außer Acht zu lassen. Während eines Jahres bewegt sich der Vollmond am Himmel, doch steht er stets gegenüber der Sonne. Zur Sommersonnenwende in der nördlichen Hemisphäre geht er im Südosten auf und im Südwesten unter und steht in der Nacht tief. Zur Wintersonnenwende steht er hoch am Himmel, geht im Nordosten auf und im Nordwesten unter, aber nie am selben Punkt, denn über einen längeren Zeitraum hinweg verschieben sich diese Punkte: Liegen sie zu Beginn nahe beieinander, erreichen sie 9,3 Jahre später ihre weiteste Entfernung voneinander.

Dies kommt daher, dass sich die elliptische Mondbahn ebenfalls verschiebt – sie rotiert alle 28,6 Jahre um die Erde. Befindet

29

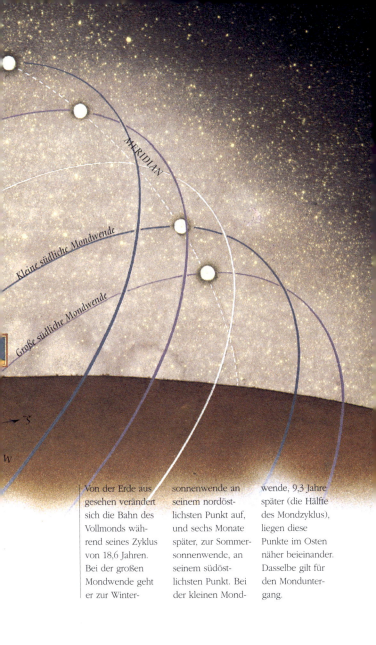

Von der Erde aus gesehen verändert sich die Bahn des Vollmonds während seines Zyklus von 18,6 Jahren. Bei der großen Mondwende geht er zur Wintersonnenwende an seinem nordöstlichsten Punkt auf, und sechs Monate später, zur Sommersonnenwende, an seinem südöstlichsten Punkt. Bei der kleinen Mondwende, 9,3 Jahre später (die Hälfte des Mondzyklus), liegen diese Punkte im Osten näher beieinander. Dasselbe gilt für den Monduntergang.

DIE WISSENSCHAFT DES HIMMELS

Der Mond 2

sich der Vollmond am äußersten Punkt der Mondellipse, ist er auch von der Ekliptik am weitesten entfernt (siehe Bild S. 28–29): Zu einer „großen Mondwende" kommt es, wenn der Mond die größte Bahn des Jahres innerhalb seines Zyklus von 18,6 Jahren beschreibt. Man spricht wie bei Sommer- und Wintersonnenwende von einer Wende, weil der Vollmond scheinbar stillsteht, bevor er umdreht. Am anderen Ende des Zyklus kommt es zur „kleinen Mondwende". Hier beschreibt der Mond die kleinste Bahn des Jahres (siehe S. 30–31).

Während die Mondbahn rotiert, dreht sich auch die Knotenlinie, die die Ekliptik kreuzt und einen Zyklus von 18,6 Jahren beschreibt. Sonnen- und Mondfinsternisse treten, wie wir bereits wissen, nur auf, wenn Voll- oder Neumond auf der Knotenlinie liegen. Da die Mondmonate dem Zyklus von 18,6 Jahre nicht entsprechen, benötigt der Mond drei Zyklen, um wieder an seinen Ursprungspunkt zu gelangen. Es gibt daher einen noch längeren Zyklus von etwa 56 Jahren.

DIE PLANETEN

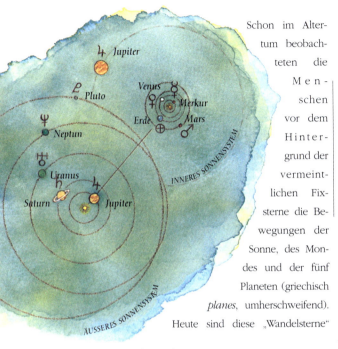

Schon im Altertum beobachteten die Menschen vor dem Hintergrund der vermeintlichen Fixsterne die Bewegungen der Sonne, des Mondes und der fünf Planeten (griechisch *planes*, umherschweifend). Heute sind diese „Wandelsterne"

DIE ÄUSSEREN PLANETEN (UNTEN) UND DAS INNERE SONNENSYSTEM

Jupiter:	Der größte Planet. Umlaufzeit um die Sonne 11,86 Jahre.
Saturn:	Umlaufzeit 29,46 Jahre. Bekannt für seine beeindruckenden Ringe.
Uranus:	Umlaufzeit 84 Jahre. Hat eine Neigung von 98°.
Neptun:	Ein kleiner, dem Uranus ähnlicher Planet mit dichter Atmosphäre; Umlaufzeit 164,8 Jahre.
Pluto:	Durch seine elliptische Bahn ist er der Erde für kurze Zeit näher als Neptun; Umlaufzeit 248,6 Jahre.

DIE WISSENSCHAFT DES HIMMELS

Die Planeten

nach den römischen Göttern Merkur, Venus, Mars, Jupiter und Saturn benannt. Sie bewegen sich in komplexen Bahnen am Himmel, ändern ihre Helligkeit und ihr Aussehen und haben seit ihrer Entdeckung eine mystische Bedeutung.

Wir kennen heute drei weitere Planeten – Uranus, Neptun und Pluto – und wissen, dass alle acht zu unserem Sonnensystem gehören. Im inneren Sonnensystem liegen relativ kleine, felsige Planeten: Merkur, Venus, Erde und Mars. Hinter dem Asteroidengürtel (ein Gesteinsgürtel aus der Zeit der Entstehung des Sonnensystems), der zwischen Mars und Jupiter liegt, befinden sich vier Planeten mit dichter Atmosphäre: Jupiter, Saturn, Uranus und Neptun. Pluto, ein kleiner Planet am äußersten Rand, gehört mögli-

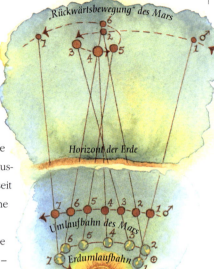

Die scheinbar rückläufige Bewegung mancher Planeten ist auf den sich ändernden Blickwinkel zurückzuführen, wenn die Erde am Planeten vorbeizieht. Der Mars scheint z. B. eine Schleife zu machen.

DIE WISSENSCHAFT DES HIMMELS

Pluto hat eine Neigung von 17° zur Ekliptik. Der Halleysche Komet hat eine Umlaufzeit von 76 Jahren und eine stark geneigte elliptische Umlaufbahn, wie die meisten Kometen – kleine Fels- und Eisbrocken, die durch die Hitze der Sonne verglühen.

cherweise zu einem weiteren Asteroidengürtel, der unser Sonnensystem umkreist.

Merkur und Venus, deren Bahnen kleiner als jene der Erde sind, werden als innere Planeten bezeichnet. Ihre Bahnen liegen nahe der Sonne, weswegen sie meist bei Sonnenauf- und -untergang gesehen werden. Venus liegt der Erde am nächsten, hat eine stark reflektierende Atmosphäre und ist daher der hellste Himmelskörper. Da sie bei Sonnenauf-

Die Planeten

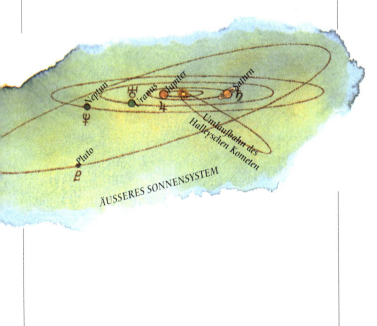

ÄUSSERES SONNENSYSTEM

DIE WISSENSCHAFT DES HIMMELS

Die Planeten

und -untergang besonders gut zu sehen ist, nennt man sie auch Morgen- bzw. Abendstern. Durch das Fernglas können wir sehen, dass die inneren Planeten ähnlich dem Mond Phasen haben. Auch sie stellen sich vor die Sonne, doch ihre scheinbar geringere Größe verursacht keine Finsternisse. Man spricht in diesem Fall von einem Transit.

Liegen ein innerer Planet und die Erde gegenüber der Sonne, nennt man dies „obere Konjunktion". Eine „untere Konjunktion" tritt auf, wenn ein innerer Planet zwischen Sonne und Erde liegt und der Erde am nächsten ist. Die äußeren Planeten können ebenfalls eine Konjunktion miteinander bilden, wenn sie auf einer Linie liegen, oder mit der Sonne, wenn Erde, Sonne und ein äußerer Planet auf einer Linie liegen. Eine Opposition entsteht, wenn ein äußerer Planet der Erde am nächsten ist – auf einer Linie mit Erde und Sonne, aber, anders als bei der unteren Konjunktion, auf der anderen Seite von Erde und Sonne.

DIE STERNE

Die Position eines Sterns in der Himmelssphäre wird als Deklination in Graden über oder unter dem Himmelsäquator und als Rektaszension der Zeit des Widderpunktes, an dem die Ekliptik den Himmelsäquator kreuzt, angegeben.

Anders als bei Sonne, Mond und den Planeten ändert sich die Position der Sterne in kurzen Zeiträumen kaum, sieht man von den scheinbaren Bewegungen durch die Erdrotation ab. Ihre Lage in der Himmelssphäre (siehe S. 19) kann mit beachtlicher Genauigkeit bestimmt werden. Sternbilder wurden daher jahrhundertelang als Anhaltspunkte zur Bestimmung der Bewegung anderer Himmelskörper verwendet. Kulturen auf der ganzen Welt kennen Sternbildmythologien. Tatsächlich sind Sternbilder nur auffällige Konfigurationen – die Sterne haben nur selten eine Verbindung zu-

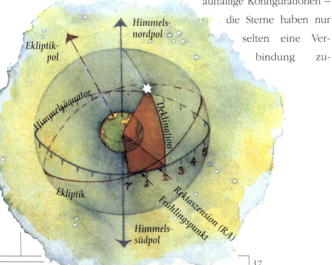

DIE WISSENSCHAFT DES HIMMELS

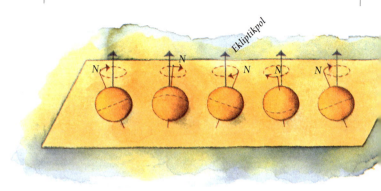

einander und sind oft Lichtjahre voneinander entfernt. Sie scheinen statisch zu sein, doch jeder Stern bewegt sich langsam. So werden in einigen tausend Jahren die Bilder, die wir kennen, verschwunden sein. Uns kommt es hingegen so vor, als würde sich ihre Position zueinander nicht verändern.

Die Koordinaten der Sterne werden in Deklination (der Winkel von 0° bis 90° über oder unter dem Himmelsäquator) und Rektaszension angegeben. Diese ist die Zeitspanne zwischen dem Moment, an dem der Widderpunkt (das erste Haus im Tierkreis) den Meridian kreuzt, und dem Moment,

Während eines Zyklus von 25 800 Jahren bewirken die Gravitationskräfte von Mond und Erde, dass die Erde wie ein Kreisel schwankt, bevor er umfällt.

38

DIE WISSENSCHAFT DES HIMMELS

an dem der betreffende Himmelskörper jeweils denselben Punkt kreuzt. Sie wird in Stunden, Minuten und Sekunden angegeben. Der Himmelsnordpol hat eine Deklination von +90°, und seine Position weicht nur 0,5° vom Polarstern ab. Der Himmelssüdpol (–90°) liegt hingegen am nur sehr schwachen Stern Sigma Octantis.

Von 35° südlicher Breite aus gesehen liegt der südliche Polarstern 35° über dem Horizont, das Kreuz des Südens ist zirkumpolar (nie untergehend), und Gamma Centauri ist außerhalb des Sichtwinkels.

Die Sterne

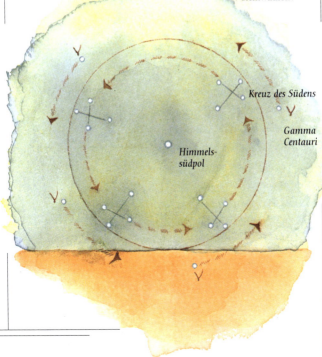

Kreuz des Südens

Gamma Centauri

Himmelssüdpol

DIE WISSENSCHAFT DES HIMMELS

Die Sterne

Die Bewegung der Erde beeinflusst erst über einen langen Zeitraum die Sternenbahnen. Die Gravitationskräfte von Sonne und Mond bewirken, dass die rotierende Erdachse wie ein Kreisel leicht schwankt und alle 25 800 Jahre eine große Drehung um den Ekliptikpol vollendet. Da der Nordpol dieser Drehung folgt, bleibt der Polarstern nicht der Nordpolstern – der Nordpol liegt momentan nur zufällig auf dieser Linie. Einmal ist Wega, einer der hellsten Sterne, während dieser Periode Polarstern, und sehr lange gibt es gar keinen Polarstern.

Da sich der Pol ständig verändert, verändern sich auch die Sternenbahnen langsam. Dieses Phänomen bezeichnet man als Präzession der Äquinoktien. Um die Rektaszension und die Deklination der Himmelskörper festzustellen, sind komplizierte Berechnungen nötig – Astronomen müssen etwa alle 50 Jahre ihre Sternkarten aktualisieren. Die einzige konstante Linie am Himmel ist die Ekliptik.

40

DIE WISSENSCHAFT DES HIMMELS

DER TIERKREIS

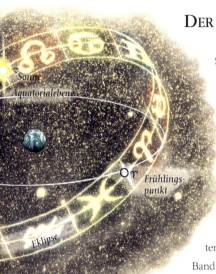

Man kann sich den Tierkreis als Band vorstellen, das die Erde mit der Ekliptik in seiner Mitte umkreist. Am Widderpunkt kreuzt die Sonnenbahn auf der Ekliptik den Äquator nach Norden.

Sonne, Mond und Planeten scheinen sich vor dem Hintergrund der Sterne auf einem sehr schmalen Himmelsband zu bewegen, weil ihre Umlaufbahn in oder nahe der Ekliptikebene liegt. Die bedeutendsten Sterne in diesem Band bilden die zwölf Tierkreiszeichen, von denen einzig Libra, die Waage, kein Lebewesen ist. Astronomisch gesehen gibt es auch ein dreizehntes Tierkreiszeichen, Ophiuchus, den Schlangenträger, in dessen Zone sich die Planeten wie auch Sonne und Mond bewegen, doch Astrologen beachten es zumeist nicht (siehe S. 192–195).

Die moderne Astrologie fußt auf den Schriften des griechischen Astronomen und Astrologen Ptolemäus aus Alexandria

41

DIE WISSENSCHAFT DES HIMMELS

Der Tierkreis

(2. Jahrhundert v. Chr.), aber ihre Wurzeln gehen noch weiter zurück (siehe S. 82–87). Die Astrologie vereinfacht den astronomischen Tierkreis und teilt ihn in zwölf gleichwertige Sektoren von 30°, die Häuser genannt werden.

Als der Tierkreis erstmals berechnet wurde, kreuzte die Sonne den Äquator und bewegte sich nach Norden zur Grenze von Widder und Fischen – dieser Moment markierte den Beginn des Frühlings auf der Nordhalbkugel und wird Widderpunkt genannt. Im Laufe der Jahrtausende wanderte dieser Punkt durch die Präzession der Äquinoktien in das Sternbild der Fische. Dies führte zu einem methodischen Auseinanderdriften von indischer Astrologie, die einen fixen Tierkreis beibehielt, der an die Sternbilder gebunden ist, und der europäischen bzw. islamischen Tradition, in der sich der Tierkreis mit dem Frühlingspunkt bewegt. Astrologen meinen, dass beiden Tierkreisen symbolische Wahrheit innewohnt.

Diese Illustration nach einer Zeichnung von Sebastian Verney zeigt die Konstellation des Tierkreises an der Ekliptik zwischen Jungfrau und Fischen auf mitteleuropäischem Breitengrad. Die Jungfrau ist der Aszendent, der im Osten aufgeht, während der Herbstpunkt am östlichen Horizont liegt.

DIE WISSENSCHAFT DES HIMMELS

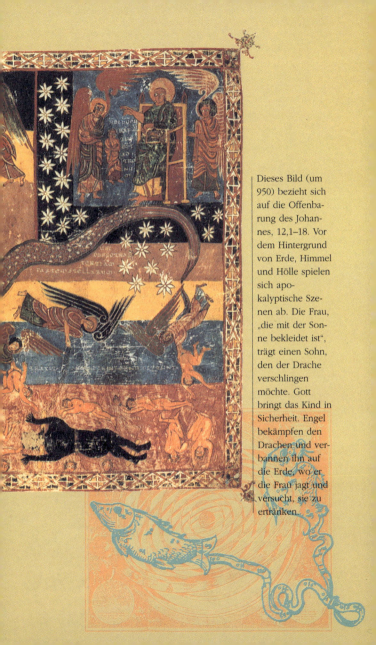

Dieses Bild (um 950) bezieht sich auf die Offenbarung des Johannes, 12,1–18. Vor dem Hintergrund von Erde, Himmel und Hölle spielen sich apokalyptische Szenen ab. Die Frau, „die mit der Sonne bekleidet ist", trägt einen Sohn, den der Drache verschlingen möchte. Gott bringt das Kind in Sicherheit. Engel bekämpfen den Drachen und verbannen ihn auf die Erde, wo er die Frau jagt und versucht, sie zu ertränken.

DER GROSSE PLAN

Jede Kultur hat das Bedürfnis, einen Plan des Kosmos zu entwerfen. Die Zivilisationen des Altertums kannten meist eine vertikale Hierarchie, mit den mysteriösen Reichen ober- und unterhalb des Sichtbaren. Im Westen entwickelte man mit dem Fortschreiten der Wissenschaften ein sphärisches Konzept, das noch heute unsere Vorstellung der Himmelssphäre widerspiegelt (siehe S. 19–20 und 57–58). Die Eindringlichkeit dieser alten Bilder kommt daher, dass sie die subjektive Erfahrungswelt des Menschen ansprechen. Mit der Kraft einer tiefen Wahrheit treffen diese Bilder unsere Phantasie und sogar unseren Verstand.

Dieser Stich aus einem Himmelsatlas (1660) zeigt die Himmelssphäre mit dem Tierkreisband und einen Horizont, der auf die Sphäre projiziert ist.

Himmel und Erde

Himmel und Erde bilden den Ursprung für unser Verständnis von Raum und in weiterer Folge von Zeit und Ordnung. Das Himmelsgewölbe spannt sich über die ganze Erde: So erfahren wir den Raum. Wir erleben Tag und Nacht als Zeit, in der die Sonne auf- und untergeht und sich um uns bewegt: So erfahren wir die Zeit.

Die Urmythen aller Kulturen beinhalten die Kosmogonie, die Weltentstehungslehre, in der die Himmel und Erde immer zu den ersten Elementen gehören. In der Antike lehrten die Priester von Heliopolis, der Sonnenstadt in Unterägypten, dass Atum, dessen Name „alles sein" oder „vollständig sein" bedeutet, in der Mitte des Urgewässers (Nun) in einer Lotosblüte lag. Mit seiner Willenskraft erhob er sich aus dem Nichtsein und wurde zum Sonnengott. Diese höchste Gottheit gebar das Zwillingspaar Schu, einen Jungen, und Tefnut, ein Mädchen. Diese beiden zeugten wiederum Geb, den Erdgott, und Nut, die Himmelsgöttin.

DER GROSSE PLAN

Himmel und Erde

Dieser Papyrus (um 1000 v. Chr.) zeigt die ägyptische Himmelsgöttin Nut über ihrem Bruder und Geliebten Geb, der Erde, der versucht, sie zu erreichen. Zwischen ihnen befindet sich Schu, der Erde und Himmel gewaltsam voneinander trennt.

Auch diese beiden verbanden sich miteinander, doch Schu, der Gott der Luft und des Raums, drängte sich zwischen die beiden und trennte sie. Nut wurde in die Höhe geschleudert und beugt sich seither ausgestreckt in ihrer klassischen Position auf ihre Arme und Beine gestützt über die Erde – die vier Säulen des Firmaments. Die Sterne liegen auf ihrem Bauch, und jeden Tag fährt der Sonnengott in seinem Boot von Sonnenaufgang bis Sonnenuntergang ihren Körper entlang. Unten klagt Geb und versucht, sich zu seiner Geliebten

emporzuheben. Die Konturen seines gequälten Körpers bilden auf der Erde Gebirgsketten.

Nut war von Geb schwanger, aber laut einer Überlieferung befahl der Sonnengott, dass das Kind in keinem Monat geboren werden dürfe. Doch der Gott Thot spielte mit dem Mond und gewann ein Zweiundsiebzigstel seines Lichts, mit dem er fünf neue Tage schuf, die nicht zum 360-tägigen ägyptischen Kalender gehörten. So konnte Nut ihre fünf Kinder auf die Welt bringen: Osiris, Isis, Horus, Seth und Nephthys. (In anderen Überlieferungen ist Horus meist der Sohn von Isis und Osiris.)

Das Auftauchen der Himmelsgöttin in einer mythischen Erzählung der Interkalation (Einfügung von Schalttagen) macht uns auf ein wichtiges Prinzip aufmerksam: Kosmogonische Mythen gehen über Himmel und Erde als räumliche Einheiten hinaus und beziehen sich auch auf Zeit und Zeiteinheiten. Diese wiederum werden auf Himmelsbewegungen zurück-

Himmel und Erde

DER GROSSE PLAN

Himmel und Erde

geführt und sind sowohl für die praktische als auch rituelle Regelung der antiken Gesellschaft von größter Bedeutung.

Hesiods *Theogonie* (um 750 v. Chr.) ist die älteste griechische Weltentstehungsgeschichte. Sie weist große Parallelen zur ägyptischen Erzählung auf, was die Griechen selbst zugaben. So finden wir auch im griechischen Mythos die Verbindung von Himmel und Erde, die gewaltsam verhindert wurde. Aus dunklem Chaos entstand die fruchtbare Gaia, die Erde, und sie gebar Uranos, den Himmel, der ihr, mit Sternen gekrönt, an Größe in nichts nachstand. Uranos bedeckte die Erde und verband sich mit ihr. Doch er zwang ihre Nachkommen – drei hundertarmige Riesen, drei Zyklopen und zwölf Titanen –, in den Schoß ihrer Mutter zurückzukehren. Aus Rache fertigte Gaia für ihren Letztgeborenen, den Titan Kronos, eine Sichel an, mit der dieser seinen Vater kastrierte, als er sich mit Gaia vereinigte. Die Genitalien fielen in das Meer, das weiß aufschäumte, und diesem Schaum entsprang die Göttin Aphrodite.

DER GROSSE PLAN

Die Trennung der beiden Reiche, die oft durch menschliche Vergehen entsteht, ist in den Mythologien der ganzen Welt ein immer wiederkehrendes Thema. Auch sind Himmel und Erde oft durch einen Baum oder eine Leiter verbunden, wie in dem englischen Märchen *Hans und die Bohnenranke*. Ebenso ist der Himmel häufig der Sitz der Götter – dies erklärt die Verehrung hochfliegender Vögel, z. B. des Adlers. Für die Azteken bedeutete der Adler die Macht der aufgehenden Sonne gegen die Dunkelheit in Form einer Schlange. Viele Indianervölker verehren den adlerähnlichen Donnervogel, den Boten zwischen Himmel und Erde, dessen Flügelschläge wie Donner klingen.

Himmel und Erde

Die ägyptische Himmelsgöttin Nut streckt sich mit den Sternen über die Erde. Sonne und Mond fließen durch ihren Körper. Dies ist die Abbildung einer Malerei an der Innenseite eines Sargs (um 1100–800 v. Chr.).

DER GROSSE PLAN

HIMMLISCHE ORDNUNG

Die Entstehung des Universums ist laut dem Schöpfungsepos der Maya, dem *Popol Vuh* (einer Textsammlung aus dem 16. Jahrhundert), mysteriös und beschwörend: „Es gab nichts, was ein Dasein gehabt hätte: nur ein Rauschen und Plätschern im Dunklen, in der Nacht. Nur

Dieser Holzschnitt aus einem englischen Schäferkalender (15. Jh.) zeigt die himmlischen Sphären und die Sonne (rechts) sowie den Mond (links).

der Schöpfer, der Former, die Grünfeder-
schlange, die Erzeuger sind im Wasser,
einem glitzernden Licht."

In dieser und vielen anderen
Kosmogonien findet sich der Archetypus
eines Schöpfergottes, der den Kosmos
erschafft und den Menschen in dessen
Zentrum stellt. Gäbe es nicht den
Menschen, wer würde Gott kennen,
preisen und dienen?

Das Bild des Schöpfers als himmlischer Schmied ist in der Mythologie ein
immer wiederkehrendes Motiv. In der
nordischen und angelsächsischen Mythologie gibt es eine schattenhafte, oft lahme
Gestalt, bekannt als Waldere, Volund
oder Wieland der Schmied. Sein griechisches Pendant ist Hephaistos (bei den
Römern Vulcanus), der Gott des Feuers
und der Schmiede, der lahm und
schwach geboren wurde, aber ein
meisterhafter Handwerker und Kon-
strukteur war. An seinem Amboss
arbeitete er mit zwanzig Blasebälgen an
den Palästen des Olymp.

Himmlische Ordnung

Sein berühmtestes Werk führt der himmlische Schmied im *Timaios* aus, dem kosmologischen Mythos, den Platon (um 428–348 v. Chr.) anhand archaischer Quellen niedergeschrieben hat. Platons Schöpfergott, Demiurg, schuf das Universum als Ebenbild der perfekten Form, einer einzigen rotierenden Sphäre – daher kommt das Wort „Universum" (lateinisch *universum*, „das Ganze", von *uni-vertere*, „einmal drehen"). Das perfekte Bild des Himmels ist das einer Ebene, die sich um ihre Achse dreht – die Himmelssphäre (siehe S. 19). Die Sphäre entstand aus der Harmonie der vier Elemente: Feuer, Erde, Luft und Wasser. Das Feuer machte sie sichtbar, die Erde greifbar; und diese beiden wurden durch Wasser und Luft zu einer unauflösbaren Einheit verbunden.

Der Demiurg umhüllt das sphärische Wesen mit der Weltseele, der *anima mundi*, wie man sie später nannte. Diese Seele setzt sich aus Existenz, Gleichheit und Verschiedenheit zusammen –

Johannes Kepler (1571–1630) wird noch heute von der Wissenschaft für seine Theorie über die Planetenbahnen hoch geschätzt, aber er war auch Astrologe, dessen mystische Geometrie des Kosmos auf diesem Stich von 1597 dargestellt ist. Das Sonnensystem ist als Serie planetarer Sphären und „platonischer" Körper abgebildet.

TABVLA III. ORBIVM PLANETARVM DIMENSIONES, ET DISTANTIAS PER QVINQVE REGVLARIA CORPORA GEOMETRICA EXHIBENS.

ILLVSTRISS: PRINCIPI, AC DÑO. DÑO. FRIDERICO, DVCI WIRTENBERGICO, ET TECCIO, COMITI MONTIS BELGARVM, ETC. CONSECRATA.

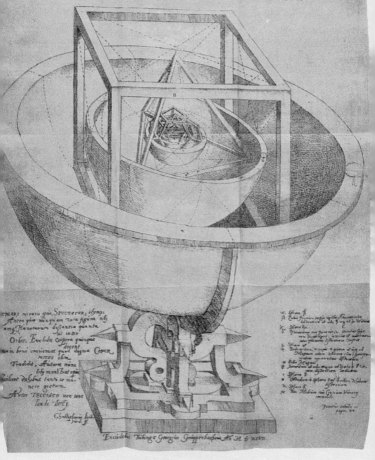

Existenz ist die Voraussetzung allen Seins,
und alles kann unterschieden werden
und durch die Ähnlichkeit mit oder die
Verschiedenheit zu anderen Dingen als es
selbst erkannt werden.

Der Demiurg schuf den Äquator und
die ekliptischen Bahnen der Himmelssphäre, indem er das Gewebe der Weltseele in zwei Streifen riss, die er zu
kreisförmigen Bahnen verband. Er legte
die eine in einer Neigung von 23° über
die andere. Die Ekliptik umfasste die
sieben Bahnen der Planeten, die um die
Erde als ihrem Zentrum kreisten. Aus
dem restlichen Seelengewebe machte er
die Seelen der Menschen, die, ehe sie der
Brutalität des unteren Reiches ausgesetzt
wurden, im Himmel schlummerten.

Für Platon, die Neuplatoniker und die
späteren hermetischen Astrologen war
das höchste Ziel der Beobachtung des
Himmels die Wahrnehmung der Güte
und Größe des Universums, aus dem
unser Sein und unsere Intelligenz
stammen.

MENSCHLICHER UND GÖTTLICHER KOSMOS

Platons Schüler Aristoteles (384–322 v. Chr.) geht von einem Denksystem, das eng mit Dichtung und Mythos verbunden ist, ab und vertritt eine Philosophie der Rationalität, Logik und Wissenschaft. Dennoch teilen beide Philosophen das gleiche Konzept über den Aufbau des Kosmos. Dieses kosmologische Vermächtnis verbindet mehr als zwei Jahrtausende lang verschiedene, voneinander unabhängige Auffassungen von Religion, Magie, Wissenschaft, Philosophie und Astrologie in griechisch-römischen, persischen, islamischen und europäischen Kulturen.

Aristoteles verstand es, Platons Plan des Kosmos in ein wissenschaftliches Konzept zu fassen. Wie sein Lehrer sah Aristoteles die Himmelssphäre als die perfekte Schöpfung eines allmächtigen Gottes – eines Zeus abstrakter, philosophischer Prinzipien, nicht eines launischen Gottes des einfachen Volkes und seiner Mythen. Die Sphäre ist

Menschlicher und göttlicher Kosmos

unveränderlich und währt ewig, ihre Sterne sind göttliches Feuer, und ihre Bahn ist die erste aller Bewegungen. Alle möglichen Bewegungen, sei es am Himmel oder auf der Erde, sind auf die Rotation der Himmelssphäre um ihre eigene Achse zurückzuführen.

Die Entstehung und das Verschwinden aller Dinge der Schöpfung

	TUGENDEN DES HIMMLISCHEN PARADIESES NACH DANTE	
	Himmel	*Seelen*	*Regel oder Tugend*
1.	Mond	unbeständig	Stärke erforderlich
2.	Merkur	aktiv und ehrgeizig	Gerechtigkeit erforderlich
3.	Venus	Liebende	Mäßigung erforderlich
4.	Sonne	Theologen, Lehrer, Historiker	Klugheit
5.	Mars	Krieger	Stärke
6.	Jupiter	Gerechte	Gerechtigkeit
7.	Saturn	Nachdenkliche	Mäßigung
8.	Sterne	Jungfrau Maria, Heilige und Adam	Glaube, Hoffnung und Liebe
9.	Primum Mobile		
10.	Empyreum	Selige; Hl. Bernhard	

DER GROSSE PLAN

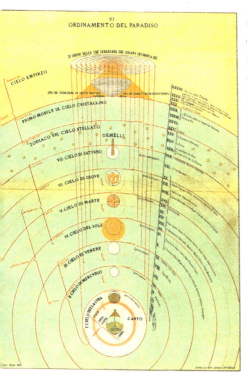

richten sich nach dem primären kosmischen Zyklus – der Bewegung der Sonne gegen den Uhrzeigersinn entlang der Ekliptik. Dies gleicht Platons Aussage, dass jede Unterscheidung der Dinge auf die Bewegung der Planeten entlang der Ekliptik zurückzuführen sei.

Aristoteles' Kosmologie und Physik ergab später in ihrer Verbindung mit der verfeinerten Theo-

Menschlicher und göttlicher Kosmos

GEGENÜBER, OBEN
Dieses englische kosmologische Diagramm (um 1110 n. Chr.) zeigt die vier Elemente, wie sie mit den Sternbildern verbunden sind.

OBEN Das Universum nach Dante. Unten werden die vier Elemente und der Mond gezeigt. Die Planeten folgen dem ptolemäischen Weltbild, mit der Sonne nach Venus. Über Saturn (siehe am Bild oben) werden die Sterne der Tierkreise dargestellt.

59

rie der Bewegung der Sonnen-, Mond-
und Planetenbahnen seines Zeitgenossen
Eudoxus (um 400–350 v. Chr.) die Basis
für das Verständnis des Universums.
Ptolemäus von Alexandria (2. Jh. n. Chr.)
vervollständigte dieses Modell, das unter
seinem Namen (ptolemäisches Weltbild) in
späteren islamischen Kulturen und im europäischen Mittelalter Gültigkeit hatte.

Die nachhaltigste und schönste mittelalterliche Beschreibung des Kosmos ist
Dantes *Göttliche Komödie* (um 1310–1320),
eine Metapher des Weges der Seele durch
heidnische und christliche Mysterien, die
sich in den Universen von Platon,
Aristoteles und Ptolemäus entfalten. Im
dritten Buch, dem *Paradies*, erfolgt der
Aufstieg in das Paradies durch mehrere
Planetensphären (siehe Abbildung auf
S. 59). Dante verwendet in seiner Beschreibung des Aufstiegs den damals üblichen
astrologischen Symbolismus und entwirft
für die berühmten Toten, die Engel sowie
die historischen Ereignisse eine eigene Hierarchie (siehe Tabelle auf S. 58).

HIMMLISCHE METAPHERN

Viele Kulturen haben versucht, ein Konzept des Kosmos zu erstellen, und haben dabei auf Metaphern zurückgegriffen, die sie aus ihrer Beobachtung heraus schufen – und so entstanden tiefgründige und poetische Bilder des Universums.

Ein klassisches Beispiel ist die weit verbreitete Metapher für die polare Achse, der Weltenbaum. In der nordeuropäischen heidnischen Religion wird in den Erzählungen der *Edda* von einer riesigen Esche, Yggdrasil, berichtet, die die ganze Welt umfasst. Eine ihrer drei Wurzeln reicht nach Niflhel, der Unterwelt; die zweite Wurzel reicht in das eisige Land der Riesen; und die dritte Wurzel reicht in den Himmel. In der Kultur der Maya in Zentralamerika, deren

Auf dieser ägyptischen Sargmalerei aus der griechisch-römischen Zeit erhält *ba*, die Seele (rechts), Wasser von der Göttin, die im Baum des Lebens sitzt (links).

DER GROSSE PLAN

Himmlische Metaphern

Mythologie erst seit kurzem als stark himmelsorientiert bekannt ist, ist der Weltenbaum ein zentrales Element. Der Name des Baums, Wakah-chan, bedeutet „emporgehobener Himmel": Im Mythos der Maya heißt es, dass ihn der Große Vater aufgestellt hat, um Himmel und Erde zu trennen.

In anderen Kulturen ist die Metapher über den Himmel, die das Universum beschreibt, komplizierter, doch ist die Vorstellung eines mysteriösen Zentrums der Schöpfung weit verbreitet. Das Volk der Navajo in Arizona kennt die folgende Schöpfungsgeschichte: Zur Zeit der großen Finsternis stieg Vater Himmel herab, und Mutter Erde stieg hinauf, um ihn zu treffen, und am Gipfel des Berges, auf dem sie sich verbanden, fanden die Ahnen der Menschheit eine kleine, türkise Figur. Dies war die unsterbliche

Das Maß aller Dinge

Yang Bewegung — *Yin Ruhe*

Feuer — *Wasser*

Erde

Holz — *Metall*

Das Qian-Prinzip wird das männliche Element

Das Kun-Prinzip wird das weibliche Element

Entstehung und Entwicklung aller Dinge

Göttin Estsatleh, „die sich selbst verjüngert": Nachdem sie den Alterungsprozess durchlaufen hatte, wurde sie wieder ein junges Mädchen. Sie gebar vier Töchter aus ihrem Körper und eine fünfte aus ihrem Geist. Die Sonne entstand aus den türkisen Perlen an ihrer rechten Brust, und der Mond aus den weißen Muscheln an ihrer linken.

In dieser Geschichte sehen wir eine der vielen Variationen eines immer wiederkehrenden kosmologischen Motivs – ein mysteriöser Ort, an dem sich Himmel und Erde vereinen und wo die Lichter des Himmels geboren werden. Dies ist der Ort, an dem die vier Himmelsrichtungen und die vier Jahreszeiten ausgerichtet werden, mit dem Zentrum als mysteriösem „fünften Ort". Estsatleh ist völlig alleine und kreist um ihr eigenes Zentrum, indem sie sich ständig verjüngt. Für uns bedeutet die Bewegung dieser Göttin die Rotation der Himmelssphäre (siehe S. 19–20 und 57–58), und der mysteriöse Ort, an dem die Navajo die türkise Figur fanden,

Ein Diagramm des „Maßes aller Dinge" der chinesischen Philosophie. Nach Sein oder Nichtsein interagieren die opponierenden, aber voneinander abhängigen Energien Yin (hell) und Yang (dunkel), um alle Phänomene des Universums zu schaffen.

repräsentiert die Achse des Himmels, um die sich die Schöpfung dreht.

Manchmal ist der mysteriöse Platz des kosmischen Zentrums ein Stein. In Delphi, dem Sitz des bekanntesten griechischen Orakels, steht noch heute ein alter, runder Steinblock, bekannt als *omphalos*, als „Nabel". Die Griechen verehrten diese Stätte als das Zentrum der Erde, als den Nabel der großen Göttin Gaia, deren Schrein die Stätte ursprünglich war.

Den gleichen Symbolismus gibt es überraschenderweise bei vielen Mythen, die auf den ersten Blick nichts miteinander gemein haben. Die Schamanen der finno-ugrischen Völker, die von Lappland bis Sibirien beheimatet waren, hatten als zentrales Symbol einen mysteriösen Talisman, der Sampo hieß und vom Schmied Ilmarinen geschaffen wurde. Könnte dieser Wieland dem Schmied oder Platons Demiurg (siehe S. 53–54), den Himmelsschmieden, entsprechen? Es gilt als sicher, dass der „bunte" Sampo das sternenübersäte Himmelsgewölbe darstellt.

Präzession und
die grossen Zeitalter

Seit den Beobachtungen früher griechischer
Astronomen hat sich die Position aller
Sterne, die wir in der Nacht am Himmel
sehen, in Bezug auf den Himmelsäquator
und die Ekliptik verändert. Diese Veränderung ist auf ein Phänomen zurückzuführen, das wir Präzession nennen – die
Schwankung der Erdachse, die der Bewegung eines Gyroskops gleicht. Innerhalb
von 25 800 Jahren (siehe S. 40) vollführt die
Achse eine volle Umdrehung. Die erste
wissenschaftliche Beschreibung dieses Zyklus stammt von Hipparchus (2. Jh. v. Chr.),
aber auch frühere Kulturen haben Aspekte
dieses Phänomens in ihre Mythen aufgenommen, vor allem die Präzession der
Äquinoktial- und Solstitialpunkte, die sich
gegenüber den Fixsternen alle 72 Jahre um
1° rückwärts zu bewegen scheinen.

Inwiefern reflektieren Mythen verschiedener Kulturen diese langfristigen himmlischen Veränderungen? Während die

DER GROSSE PLAN

Präzession und die großen Zeitalter

Eine Darstellung des Wassermanns, wie er Wasser in den Fluss des Lebens gießt. Wegen der Präzession wird der Frühlingspunkt im nächsten Millennium in das Zeichen des Wassermannes gehen.

meisten Wissenschaftler dieser Frage nicht nachgehen, gibt es nur wenige, die meinen, dass die Betrachtung des Himmels wesentlich zu Form und Gehalt der meisten Mythen beigetragen hat. In der umfangreichsten Studie zu diesem Thema, *Die Mühle des Hamlet. Ein Essay über Mythos und Gerüst der Zeit* (1969), behaupten Giorgio de Santillana und Hertha von Dechend, dass die Geografie, die in den Mythen beschrieben wird – der Kosmos,

DER GROSSE PLAN

der die „Welt" archaischer Vorstellungskraft formt –, ihren Ursprung im Himmel hat. Straßen, Flüsse und Ozeane beziehen sich in vielen Mythen auf Teile des Himmels, insbesondere auf die Milchstraße, Säulen und Bäume auf die Himmelsachse.

An dieser Interpretation ist interessant, dass sie zeigt, wie die Präzession Einzug in die Mythologie gehalten hat. So wird die Bewegung der polaren Achse zum Fall des Weltenbaumes oder zur Vertreibung aus dem Paradies. Man glaubt, dass die Umwälzungen am Ende jedes Zeitalters die Verschiebungen verschiedener Konstellationen, die ihre Äquinoktien und Solstitien verlieren, reflektieren.

In neuerer Zeit wurde die Präzession hinsichtlich des „neuen Zeitalters" des Wassermanns wieder populär. Doch die Annahme, dass wir am Beginn eines neuen großen Zeitalters stehen, hat wenig mit der Beobachtung des Himmels zu tun. Seit etwa 100 v. Chr. wandert der Äquinoktialpunkt durch das Sternbild der Fische und beginnt eben erst seinen Weg durch den zweiten

Präzession und die großen Zeitalter

67

DER GROSSE PLAN

Präzession und die großen Zeitalter

Fisch. Er wird Beta Piscium, der am Kopf dieses Fisches liegt, erst im Jahr 2813 erreichen. Frühestens im Jahr 2300 wird er in den Wassermann eintreten.

Der Psychologe C. G. Jung (1875–1961) hat die Präzession folgendermaßen interpretiert: Der Lauf unserer religiösen Geschichte sowie ein essentieller Teil unserer psychischen Entwicklung hätte von der Präzession der Äquinoktialpunkte durch das Sternbild der Fische vorausgesagt werden können, sowohl inhaltlich als auch zeitlich. Christus, der „erste Fisch" wurde am Kreuzungspunkt vom Widder zu den Fischen geboren, während der Aufstieg der Wissenschaft und

68

DER GROSSE PLAN

GEGENÜBER Dieser Fisch auf einem römischen Fresko repräsentiert Christus, dessen Geburt mit dem Eintritt des Frühlingspunktes in das Zeichen des Fisches zusammenfiel.

des säkularen Rationalismus auf den zweiten Fisch zurückgeht. Der politische Theoretiker und Atheist Karl Marx wurde 1818 geboren – innerhalb eines Jahres nachdem der Frühlingspunkt auf derselben Länge wie der erste Stern im zweiten Fisch (Omega Piscium) lag.

Präzession und die großen Zeitalter

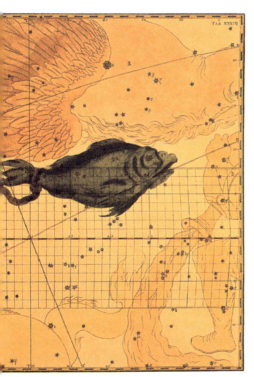

Ein englischer Stich (18. Jh.) des Sternbildes der Fische. Der erste Fisch im Zeitalter der Fische ist links. Die Geburt Christi war an einem Punkt zwischen dem Alpha-Stern im Knoten der Schnur und Omikron weiter oben an der Schnur beim ersten Fisch. Karl Marx wurde nahe dem Omega-Stern geboren, der genau im Knoten am Schwanz des zweiten Fisches liegt.

Dieser flämische Wandteppich (15. Jh.) aus der Kathedrale von Toledo zeigt die Tierkeiszeichen und andere Sterngruppen. Der Hintergrund mit den Blumen verstärkt die Vorstellung eines himmlischen Reiches, das die Erde durchdringt.

Entsprechungen

Für alte Kulturen galten die himmlischen Zyklen als Schema der irdischen Welt. Sogar dort, wo dem Himmel keine große Rolle zugestanden wird, wie in monotheistischen Religionen, stellen die Sterne einen höheren Ausdruck des göttlichen Willens und der göttlichen Ordnung dar.

Griechische und römische Philosophen setzten den Mikrokosmos, die „kleine Welt" unten, mit dem Makrokosmos, der „großen Welt" oben, gleich. Das hermetische Axiom „wie oben, so unten" wird dem mythischen Weisen Hermes Trismegistos zugesprochen und drückt diese Vorstellung der Entsprechungen aus, die bis heute – vor allem in der Astrologie – weiterlebt.

Ein spätmittelalterliches Bild des Tierkreismenschen, ein Konzept, das den Menschen als Mikrokosmos des Himmels idealisierte.

STERNE, ORAKEL UND SCHICKSAL

In den komplexen Astrologien ist die Beziehung zwischen Charakter, Schicksal und dem Himmel sowohl subtil als auch natürlich und reflektiert keine Störung äußerer Kräfte, sondern eine umfassende und universelle Harmonie mit dem Universum. Seit der Aufklärung im 18. Jahrhundert hat die Wissenschaft einen immer größeren Einfluss über das materielle Universum gewonnen. Doch viele Menschen meinen, dass uns unsere Vorfahren und so genannte primitive Völker Erstaunliches zeigen können: dass das Universum belebt und dass die Wirklichkeit um uns „beseelt" ist – voller Willensstärke und Intelligenz. Die mythopoetische Vorstellungskraft – die menschliche Fähigkeit zur Mythenbildung – ist die Antwort auf das Universum um uns. Dies bildet den Grundstein der universellen Phänomene des Erkennens von Omen und der Prophezeiung.

ENTSPRECHUNGEN

Sterne, Orakel und Schicksal

In vielen Kulturen wurde Vogelschwärmen voraussagende Bedeutung zugesprochen. Dieser Glaube ist vielleicht auf Vogelschwärme zurückzuführen, die Wetteränderungen mit sich brachten.

Die mesopotamische Zivilisation (in der Region des heutigen Irak) erreichte die komplexeste Entwicklung der Weissagung. Funde belegen, dass bereits im 3. Jahrtausend v. Chr. Eingeweide von Tieren rituell untersucht wurden, um göttliche Antworten auf Fragen zur Zukunft zu finden. Spätestens ab 1900 v. Chr. wurde die Weissagung mit der Leber bzw. der Lunge oder dem Dickdarm kodifiziert, wovon ausführliche Schilderungen auf Tontafeln zeugen. Die Mesopotamier kannten neben der Weissagung mit Eingeweiden auch

ENTSPRECHUNGEN

die Weissagung durch Ölmuster auf Wasser und durch Rauchbilder von verbrennendem Weihrauch.

Die Praktiken der Mesopotamier fanden ihren Weg nach Griechenland und zu den Etruskern nach Norditalien, deren Adelsfamilien an der Augurenschule im alten Rom tätig waren. Das Wort *augurium* stammt vom lateinischen *avis*, „Vogel", und deutet auf die Bedeutsamkeit der Vogelomen im Altertum hin. Der Himmel war der Sitz der Götter, und es scheint, dass Zeichen am Himmel, wie Vögel, Donner und Blitz, die unter der Ägide des Gottes Zeus bzw. Jupiter standen, höher bewertet wurden als irdische Zeichen. Dies erklärt auch, warum in der späten mesopotamischen

Sterne, Orakel und Schicksal

Eine alte griechische Vase mit dem berühmten Orakel von Delphi. Im Vordergrund ist der tragische Held Orest auf dem *omphalos*, dem Nabel, der das Zentrum der Welt markiert.

Sterne, Orakel und Schicksal

Abbildung nach dem Bronzemodell einer Schafleber, die von den Etruskern zur Weissagung verwendet wurde. Die Oberfläche ist in Sektoren des Himmels unterteilt.

Kultur (im 8. Jahrhundert v. Chr.) Sternomen wichtiger als alle anderen waren. Ein zunehmend exaktes Wissen der Stern- und Planetenzyklen, die die Götter repräsentierten, gab den priesterlichen Hütern dieses Wissens den Anschein, das Schicksal selbst beherrschen zu können.

Auf seiner höchsten Stufe bedeutete die Prophezeiung die Möglichkeit einer transzendenten Selbsterkenntnis. In Delphi, in Griechenland, wo die pythische Priesterin am Nabel saß und die Orakel des Sonnengottes Apoll sprach, gab es eine berühmte Inschrift: „Erkenne dich selbst." Wahre Selbsterkenntnis ist der Nabel des Schicksals, die Achse, um die sich unser Bewusstsein dreht. Diese Weisheit ist die Essenz der Weissagung und wird als höchstes Wissen aller Orakel angesehen.

GÖTTERBOTEN

Die Deutung von Omen und Zeichen am Himmel entwickelte sich im 1. Jahrtausend v. Chr. schrittweise zur seherischen Kunst der Astrologie und zur Astronomie. Doch schon lange zuvor sammelte man Himmelsbeobachtungen, meteorologische Phänomene und Erscheinungen von Sonne, Mond und den Planeten eingeschlossen, und entwickelte einen Symbolismus, der sich über Jahrtausende kaum änderte.

Die mesopotamische Omen-Sammlung *Enuma Anu Enlil* (um 1000 v. Chr.), die auch noch älteres Material enthält, beschreibt verschiedene Himmelsphänomene, so auch Mond- und Sonnenfinsternisse, Blitze und Wolkenformationen.

Jahrhunderte später waren die Himmelsomen immer noch eine beliebte Quelle für Weissagungen. „Kometen sieht man nicht, wenn Bettler sterben; / Der Himmel selbst flammt Fürstentod herab." Diese Zeilen aus Shakespeares *Julius Caesar* zeigen ein bemerkenswert beständ-

Götterboten

Diese Illustration zeigt den Kometen von 1742 in diversen Stadien am Himmel der nördlichen Hemisphäre. Der Komet bewegt sich über die Konstellationen Camelopardalis und Cepheus zum Flügel des Pegasus. Die Erde ist unten rechts zu sehen.

ENTSPRECHUNGEN

diges Thema, das dramatische Himmelsphänomene mit sozialer Unruhe, vor allem dem Sturz Regierender, verbindet.

Die Kometen sind eines der beeindruckendsten himmlischen Zeichen, das überall mit dem Schicksal von politischen Führern assoziiert wurde. Vom Standpunkt der Wissenschaft aus sind sie jedoch weniger wichtige Elemente des Sonnensystems: riesige Schneebälle aus Gas und Staub, die auf lang gestreckten Bahnen in Zyklen von ein paar Jahren bis zu einigen Jahrhunderten um die Sonne kreisen. Die hellsten Kometen sind ehrfurchtgebietend: Sie sind für viele Monate mit ihrem glühenden Kopf und einem Schweif aus Gas und Staubteilchen, der Millionen Kilometer lang sein kann, am Nachthimmel sichtbar. Wenn der Komet die Erdumlaufbahn streift, kann er von der Gravitationskraft der Erde angezogen werden und in deren obere Atmosphäre als Meteore oder „Sternschnuppen" eindringen.

Götterboten

Eine Zeichnung von 1618–1619 zeigt die Bewegung eines Kometen über eine Periode von 24 Stunden. Er wandert über die Sternbilder Bootes und Ursa Major.

ENTSPRECHUNGEN

Götterboten

Nach Ptolemäus (2. Jh. n. Chr.) lassen Kometen durch die Teile des Tierkreises, in denen ihr Kopf erscheint, und durch die Richtungen, in die ihr Schweif zeigt, die Regionen erkennen, die Unglück erwartet.

Der Halleysche Komet mit einer Umlaufzeit von 76 Jahren ist in Europa der bekannteste Komet. 1066 sah Wilhelm der Eroberer in seinem Erscheinen ein gutes Omen für seine beabsichtigte Invasion Englands – ein Omen, das am Teppich von Bayeux abgebildet ist.

Ein himmlisches Zeichen, das seine Bedeutung nie verlor, ist der Stern von Bethlehem. Arabische und später europäische Astrologen akzeptierten zumeist die christliche Interpretation, dass der Stern ein übernatürliches Zeichen Gottes war und sich daher außerhalb der Domäne konventioneller Astrologie

Ein Relief in der Kathedrale von Autun, Frankreich, zeigt, wie die Heiligen Drei Könige von der Ankunft Christi träumen. Der Engel deutet auf den Stern, der die Geburt des Messias ankündigt.

befindet. Johannes Kepler hielt es im frühen 17. Jahrhundert für möglich, dass der „Stern" ein Zusammentreffen von Jupiter und Saturn am Ende des Sternbildes der Fische nahe dem Äquinoktialpunkt im Jahr 7 v. Chr. war. Kepler meinte auch, dass Gott dieses Zusammentreffen mit einer Nova, einem neuen Stern, markierte.

Unlängst vertrat der englische Astronom David Hughes die These, dass Jesus im Jahr 7 v. Chr. geboren wurde und dass die biblischen Berichte die Laienversion dessen sind, was astrologisch ein Zusammentreffen bedeutet. Die Fische sind ein Zeichen für die führende Rolle Jupiters, des Planeten der Könige, und Saturn war der Planet der Juden. Symbolisch kann das Zusammentreffen als „König der Juden" interpretiert werden. Wie auch immer, es ist eine beeindruckende Darstellung des Verständnisses des Altertums, dass der Himmel selbst Zeichen für große Ereignisse auf der Erde gibt.

ENTSPRECHUNGEN

Die Geschichte der Astrologie

Die aus unserer Sicht objektive Wissenschaft der Astronomie war früher untrennbar mit der Astrologie verbunden – mit der Suche nach einem transzendenten Sinn unserer subjektiven Erfahrung, indem wir unser Schicksal durch Sterne und Planeten deuten.

Die Astrologie entwickelte sich aus einer komplexen Verbindung babylonischer und persischer Astralreligionen und Omen, ägyptischer Kosmologie und Kalenderberechnungen sowie griechischer wissenschaftlicher und philosophischer Annahmen. Ihre klassische Form, die grundlegende Doktrinen wie die Ordnung und die Interpretation der zwölf Tierkreiszeichen beinhaltet, entstammt haupt-

Dieses Mosaik in der Beth-Alpha-Synagoge in Israel bildet den Tierkreis ab, mit dem Sonnengott Helios in seiner Mitte.

82

sächlich der hellenistischen Periode, als sich die griechische Zivilisation durch die Eroberungszüge Alexanders des Großen nach 334 v. Chr. vom Mittelmeer bis nach Nordindien ausbreitete.

Die Astrologie, so wie wir sie kennen, hängt davon ab, wie die Positionen der Himmelskörper, vor allem der Planeten, zu einem speziellen Zeitpunkt mit den jeweiligen Umständen verbunden werden. Wie die Wissenschaft der Kalenderberechnung verlangt auch die Vorhersage der Planetenbahnen genaue Kenntnis der Astronomie sowie einen Kanon der einzelnen planetarischen Eigenschaften. Im 5. Jahrhundert v. Chr. entstanden so die ersten babylonischen Horoskope – Himmelskarten für bestimmte Zeiten und Orte auf der Erde. So entwickelte sich die Astrologie zu einer Praxis, die Charakter und Schicksal für den Zeitpunkt der Geburt bewertete.

Während ihrer Entstehungsjahre scheint die Astrologie einen Hang zum Fatalismus

Die Geschichte der Astrologie

ENTSPRECHUNGEN

Die Geschichte der Astrologie

aufzuweisen. Der Himmel gehörte schon immer den großen Göttern, und als die astronomischen Voraussagen zunehmend verlässlicher wurden, war es durch die Bestimmung der Planetenbahnen möglich, die Omen der Götter vorherzusagen. Die griechischen und römischen Stoiker betrachteten das Universum als Ganzheit, in dem alle Teile einander entsprachen und voneinander angezogen waren – die meisten Stoiker waren, wenig überraschend, Anhänger der Astrologie.

In Rom erlangte die Astrologie große politische Bedeutung – Kaiser Augustus ließ 27 v. Chr. sogar Münzen mit dem

ENTSPRECHUNGEN

Steinbock prägen, seinem Mondzeichen. Laut dem Historiker Tacitus suchte auch dessen Nachfolger Tiberius häufig Astrologen auf.

Die Astrologie war jedoch nicht immer so hoch angesehen. Ihr größter, früher Gegner war das Christentum, da die astrologische Praxis die alten heidnischen Götter weiterleben ließ. Der hl. Augustinus (354–430), der in seiner Jugend die Astrologie studiert hatte, meinte, sie sei auf irrationalen Argumenten aufgebaut. Außerdem behauptete er, dass die erstaunlich genauen Antworten mancher Astrologen von Dämonen beeinflusst seien, die die Seele des Astrologen und seines Kunden in Versuchung führen wollten, um so den freien Willen der Seele zu unterwandern und, noch schlimmer, sie zur Verehrung von Himmelsgöttern zu zwingen. Seine Argumente werden von Christen manchmal heute noch gebraucht.

Das Heidentum verschwand in den letzten Tagen des Römischen Reiches, und die Astrologie hätte eigentlich mit ihm ver-

Eine arabische Abbildung (14. Jh.) des Sternbildes Waage von einer Kopie eines Manuskripts Al-Sufis. Seine Interpretationen der Sternbilder beruhen auf den Schriften des Ptolemäus.

Die Geschichte der Astrologie

schwinden können, doch dank ihrer Fähigkeit, ihre religiösen Ursprünge zu verschleiern und ihre Theorie mit der griechisch dominierten Wissenschaft und Philosophie zu verbinden, konnte sie überleben. Dies war das Verdienst von Ptolemäus, der Aristoteles' Vorstellung von Veränderung, hervorgerufen von der Rotation der Himmelssphäre, in ein natürliches und leicht verständliches Konzept eines subtilen Einflusses des Himmels – auf den Samen zum Zeitpunkt der Empfängnis – umsetzte.

Ptolemäus' Unterordnung unter die Vernunft brachte zur Zeit des Thomas von Aquin (um 1225–1274) eine erste Versöhnung mit dem Christentum. Die Kirche erklärte, dass es keinen Streit mit Astrologen geben müsse, wenn sich diese auf den Einfluss auf den Körper beschränkten, was zwar auch die Seele beeinflussen könnte, nicht aber deren freien Willen.

In der Renaissance kam es zu einem Aufschwung der Astrologie, die sich auch in den höchsten gesellschaftlichen und po-

ENTSPRECHUNGEN

Astrologen (Mitte rechts) erstellen Horoskope während der Feiern zur Geburt des Tartarenführers Timur (1336–1405). Islamisch, 16. Jh.

litischen Kreisen manifestierte. Doch am Beginn des 18. Jahrhunderts war die Astrologie für die gebildeten Schichten ein Anachronismus – die objektiven Wissenschaften erlebten einen Höhenflug, und das Ptolemäische Weltbild wurde vom kopernikanischen mit der Sonne im Mittelpunkt abgelöst. Sie erlebte erst im 20. Jahrhundert eine Renaissance, denn man war skeptisch, dass die Wissenschaft die einzige Antwort auf die Probleme der Menschheit geben könnte. So erinnerte man sich daran, dass die grundlegende Aufgabe der Astrologie, uns mit dem Kosmos zu verbinden, heute noch genauso relevant ist wie zu Zeiten der Mesopotamier, Ägypter oder Römer.

Die Geschichte der Astrologie

ALCHEMIE

Wie im Himmel, so auf der Erde selbst: Die Alchemie verwandelt die Sterne und Planeten in Metalle, Minerale und Kristalle, sodass ihre Kräfte von einem Eingeweihten freigelassen und gereinigt werden können.

Eine esoterische und kosmologische Interpretation der frühen Chemie und Metallverarbeitung – Ausgangspunkt der Alchemie – scheint aus dem alten Ägypten zu stammen. Die griechischen, islamischen und europäischen Alchemisten schrieben ihr magisches Wissen dem mythischen Hermes Trismegistos, dem göttlichen Meister der Magie, zu. Der Gott und Planet Merkur (griechisch Hermes) soll der lebendige Geist der Alchemie gewesen sein und über die Macht zur Umwandlung verfügt haben. Ab dem 4. Jahrhundert v. Chr. stellten die Alchemisten Verbindungen zwischen den Himmelssphären und Metallen her. Gold wurde mit der Sonne assoziiert, Silber mit dem Mond, Quecksilber mit Merkur, Kupfer mit Venus, Eisen

Auf diesem deutschen Holzschnitt von 1519 blickt ein Alchemist zum Himmel, um stellare Energie in seinem Ofen zu bündeln. An der Seite des Ofens sieht man, wie Puder in ein Gefäß rieselt – ein Hinweis auf die Kalzinierung.

mit Mars, Zinn mit Jupiter und Blei mit Saturn. Die Kraft der Planeten beeinflusste zu jeder Zeit die Zunahme seines Metalls – daher war die Beobachtung der Planetenbahnen für die Arbeit des Alchemisten essentiell. Zudem verwendeten die Alchemisten die Astrologie, um den besten Zeitpunkt für ihre Arbeit festzulegen.

Sie verwendeten eine ganze Reihe von Metallen und anderen Substanzen für ihre Arbeit, die üblicherweise mit deren Reinigung begann und die dann durch große

Alchemie

Hitze pulverisiert wurden (Kalzinierung). Das Ziel war, auf materieller Ebene, Grundmetalle wie Blei in Silber und schließlich in Gold zu verwandeln. Viele Alchemisten suchten auch das Geheimnis des organischen Lebens – als Belohnung würden sie die Unsterblichkeit erlangen. Dies war vor allem das Ziel der chinesischen Alchemie, wie sie von Taoisten praktiziert wurde.

Zu sagen, die Alchemisten hätten nur nach Gold gestrebt, lässt die spirituelle Dimension ihrer Arbeit außer Acht. In frühen griechischen Schriften wird neben den materiellen Arbeiten auch die magische oder spirituelle Wirklichkeit, der die Seele des Alchemisten angehörte, beschrieben. Traditionelle Alchemisten beharrten darauf, dass ihre Kunst nur durch Gnade erreicht werden könnte. In der Alchemie galten die Sterne und Planeten als Quelle himmlischer Energie, durch die man Materielles schaffen konnte. So glaubte man, dass die natürliche Himmelsenergie Grundmetalle in Gold verwandeln und man durch sie das Geheimnis des ewigen Lebens erfahren könnte.

ENTSPRECHUNGEN

HEILIGE KALENDER

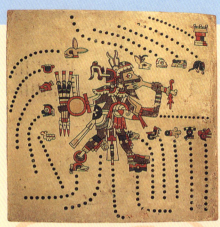

Eine Illustration aus dem Codex Féjérváry-Mayer des Hauptgottes Tezcatlipoca, der einen Teil eines Opfers isst. Um ihn sind die Symbole der zwanzig aztekischen Tage.

Es ist vielleicht überraschend zu erfahren, dass die Menschheit bis vor kurzem glaubte, dass die Zeit vom Himmel bestimmt werde. Dies bedeutet nichts anderes als die Aufzeichnung himmlischer Bewegung: Tag und Nacht sowie die Jahreszeiten entsprechen der Zeit.

In fast allen Kulturen waren der Jahreszyklus der Sonne und die Monatsphasen des Mondes Ausgangspunkt zur Zeitrechnung, aber es gab von diesen Grundelementen ausgehend viele verschiedene Formeln. Jeder Kalender stößt auf Schwierigkeiten: So hat ein Mondmonat etwa 29,5 Tage und ein Jahr folglich 365,25 Tage. Dies summiert sich, und zeitlich gebundene

ENTSPRECHUNGEN

Feste bewegen sich von den Erscheinungen weg, die sie markieren. Die Lösung ist die regelmäßige Einführung eines weiteren Tages oder einer anderen Zeiteinheit, um den Kalender mit dem Himmel abzustimmen.

Die mittelamerikanische Zivilisation entwickelte ein System der Zeitrechnung, das auf der Zahl 20 und auf einem frühen Sonnenkalender von 365 Tagen basierte. Mithilfe dieses Kalenders waren die Maya in der Lage, genaue astronomische Berechnungen durchzuführen. Sie legten die synodische Periode der Venus – wenn Erde, Sone und Venus auf einer Linie liegen – mit 584 Tagen fest. So entsprachen fünf Venussynoden (2920 Tage) acht Sonnenjahren zu 365 Tagen. Alle acht Jahre

Ein riesiger aztekischer Sonnenstein mit dem Gesicht des Sonnengottes, das von den Zeitaltern der Menschheit, den Symbolen der Tage und Sterne, umgeben ist.

92

feierten die Maya ein Fest, an dem sie den Venuskalender an die Zeit anglichen, in den er durch den wahren Venuszyklus zurückgefallen war.

Die moderne Zeitrechnung ist stark von der Verehrung der Sterne im alten Babylon und Chaldäa geprägt – dies mag uns heute nicht mehr bewusst sein, aber in vielen europäischen Sprachen ist dieser Einfluss noch zu finden (siehe Tabelle S. 94). Der Tag des Mondes (lateinisch *luna*) ist offensichtlich, der Tag des Herrn (Sonntag) erinnert noch im Deutschen und Englischen an die Sonne. Die Planeten Mars, Merkur, Jupiter (griechisch Zeus) und Venus stehen im Französischen, Spanischen und Italienischen für Mittwoch, Donnerstag und Freitag. Saturday verweist im Englischen auf Saturn, und im Englischen wie Deutschen ergeben die germanischen Äquivalente für die römischen Götter Dienstag (Tyr), Donnerstag (Donar bzw. Thor) und Freitag (Freia). Der englische Mittwoch, *Wednesday*, stammt von Wotan, der mit Merkur identifiziert wurde.

ENTSPRECHUNGEN

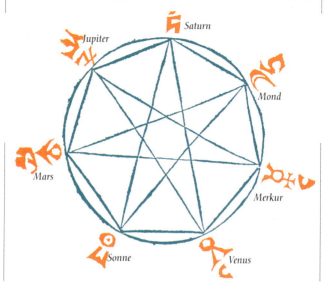

Mit Planeten assoziierte Götter beherrschen in einem okkulten System (um 100 n. Chr.) die Wochentage. Die Planeten sind in einem Kreis in so genannter „Chaldäischer Anordnung" positioniert, beginnend mit Saturn, dem langsamsten und entferntesten, bis zum Mond, dem schnellsten und nächsten. Bei der Sonne beginnend ziehe man eine Linie zum Mond, dann vom Mond zum Mars, bis man die Woche und den siebenzackigen Stern beendet hat.

WOCHENTAGE

Latein	*Französisch*	*Italienisch*	*Deutsch*	*Englisch*	*Planet*
Solis dies*	Dimanche	Domenica	Sonntag	Sunday	SONNE
Lunae dies	Lundi	Lunedì	Montag	Monday	MOND
Martis dies	Mardi	Martedì	Dienstag	Tuesday	MARS
Mercurii dies	Mercredi	Mercoledì	Mittwoch	Wednesday	MERKUR
Iovis dies	Jeudi	Giovedì	Donnerstag	Thursday	JUPITER
Veneris dies	Vendredi	Venerdì	Freitag	Friday	VENUS
Saturni dies	Samedi	Sabato	Samstag	Saturday	SATURN

*später *dies Dominica*, „Tag des Herrn".

CHINESISCHE ASTROLOGIE

Die Tatsache, dass traditionelle chinesische Himmelswissenschaften Parallelen mit griechischen, persischen und indischen Wissenschaften aufweisen, deutet nicht nur darauf hin, dass sie gemeinsame archaische Wurzeln haben könnten, sondern auch darauf, dass es zu einem gegenseitigen Austausch kam. Die gemeinsamen Charakteristiken haben sich in weiterer Folge in China jedoch eigenständig entwickelt.

Die westlichen und indischen Traditionen wurzeln im alten Mesopotamien und der ägyptischen Beobachtung des Horizonts – die zur Sonne gehörigen Sonnenauf- und -untergänge und die Ekliptik, die jährliche Wanderung der Sonne durch die Sternbilder. Die chinesische Astrologie und Astronomie orientieren sich hingegen an den Polen und am Äquator: Sie beobachten die nördlichen zirkumpolaren Sterne (die in China nie untergehen) und vor allem den Weg der Sterne über den Meridian (der große Kreis

ENTSPRECHUNGEN

durch die Pole und den Zenit des Beobachters; siehe S. 22–23).

Im ersten Jahrtausend v. Chr. wurde entlang des Äquators ein System von 28 Mondhäusern oder *xiu* festgelegt – mit Himmelssegmenten, die vom Pol ausgehen. Diese Herangehensweise, die auf äquatorialen Mondstationen basiert, gab es um 1000 v. Chr. auch in der babylonischen Astronomie, was auf eine frühe Verbindung hinweist. Die Hauptsterne des *xiu* wurden anhand ihrer Nähe zu den vom Pol aus-

Ein Bild aus einem chinesischen geomantischen Almanach. Die Geomantik (Erdomen) ist in der Astrologie mit dem chinesischen System verbunden.

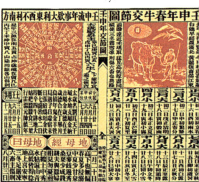

DIE FÜNF ELEMENTE UND IHRE KOSMOLOGISCHEN ASSOZIATIONEN

	Holz	*Feuer*	*Erde*	*Metall*	*Wasser*
Palast	Frühling	Sommer	Spätsommer	Herbst	Winter
Planet	Jupiter	Mars	Saturn	Venus	Merkur
Klima	Wind	Hitze	Feuchtigkeit	Trockenheit	Kälte
Nummer	8	7	5	9	6
Farbe	grün	rot	gelb	weiß	schwarz
Geschmack	sauer	bitter	süß	scharf	salzig
Geruch	ranzig	verbrannt	wohlriechend	verdorben	verfault
Organ	Leber	Herz	Milz	Lunge	Nieren
Tier	Geflügel	Schaf	Ochse	Pferd	Schwein
Gefühl	Ärger	Freude	Sympathie	Trauer	Angst

Chinesische Astrologie

ENTSPRECHUNGEN

strahlenden Linien auf der Rektaszension ausgewählt. Zirkumpolare Sterne entsprachen äquatorialen Mondstationen und waren der Wohnsitz himmlischer Bürokraten, die für den Herrscher, „den Himmelssohn", die Verwaltung ausübten.

Die 28 *xiu* wurden in vier Äquatorpaläste zu je sieben *xiu* unterteilt: der Grüne (oder Blaue) Drache (Osten und Frühling), der Rote Vogel (Süden und Sommer), der Weiße Tiger (Westen und Herbst) und die Schwarze Schildkröte (Norden und Winter). Der zirkumpolare Himmel bildet den fünften „Hauptpalast". Diese Unterteilung ermöglicht die Harmonie der Astronomie mit dem alten Symbolismus der „fünf Elemente", der im chinesischen Okkultismus überall zu finden ist (siehe Tabelle gegenüber).

Horoskope, die aufgrund planetarischer Positionen Charakter oder Schicksale des Menschen bestimmen, waren in der chinesischen Astrologie bis vor kurzem kaum üblich, und erst durch den Einfluss der indischen und islamischen Astrologie wurden

Chinesische Astrologie

ENTSPRECHUNGEN

Chinesische Astrologie

Eine polare Sternkarte, um 940. Der Große Wagen ist leicht erkennbar.

sie gebräuchlicher. Die populäre Version des „chinesischen Tierkreises" nimmt ein Element der chinesischen Astrologie und wendet es auf Jahre an, die durch Tiere symbolisiert werden: Ratte, Büffel, Tiger, Hase, Drache, Schlange, Pferd, Ziege, Affe, Hahn, Hund und Schwein. Die Ursprünge des chinesischen Tierkreises liegen im Dunklen, und bis jetzt ließen sich keine Verbindungen mit dem westlichen Tierkreis nachweisen.

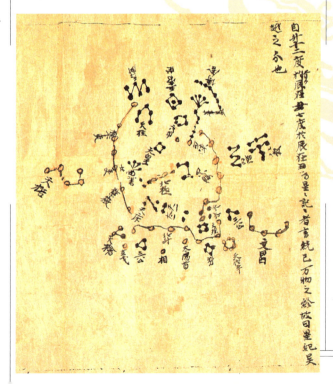

MYTHEN UND DER HIMMEL

Die Projektion mythischer Gestalten auf den Himmel hat sehr komplexe Hintergründe, was moderne Wissenschaftler bei ihrer Interpretation vor Probleme stellt. Sobald wir hinter praktische Elemente, wie die Notwendigkeit von Jägern oder Bauern, die Bahn des Mondes oder die Jahreszeiten zu verfolgen, blicken, stoßen wir auf Schwierigkeiten.

Die mythischen Zuschreibungen repräsentieren ein äußerst kompliziertes Abbild menschlicher Ziele, die mit Religion, Mythos und Dichtung eng verwoben sind. Es scheint einfacher zu sein, den ägyptischen Kalender zu durchschauen als zu verstehen, was der Ägypter dachte, als er die Sonne als Ra, der in seinem Boot auf dem Rücken der Himmelsgöttin Nut saß, abbildete.

In der europäischen Aufklärung des 18. Jahrhunderts wurde das Weltbild der alten Ägypter rein historisch betrachtet. Man

schwor dem früheren Glauben, dass Mythen Allegorien der Natur oder der Seele
seien, ab. Mythen wurden nicht interpretiert, sondern als bizarre Aus-
führungen falscher kausaler Zu-
sammenhänge, entstanden
durch schlechte Beobach-
tung oder mangelhafte
Daten, abqualifiziert. Einzelne Mythen wurden
manchmal als
Ausschmückung
historischer
Ereignisse gewertet
– man nennt dies Euherismus
nach Euheremus von Messene (um 300
v. Chr.), der lehrte, dass die griechischen
Götter erhabene Könige und Helden
waren.

Interpretationen von Mythen haben
nach dieser rationalistischen Sackgasse
verschiedene Wege genommen. Der
schottische Gelehrte James Frazer
(1854–1941) führt aus, dass Mythen,
speziell Fruchtbarkeitsmythen, aus einer

Der grüne Löwe
verschlingt die
Sonne, ein alche-
mistisches Sym-
bol. Der Psycho-
loge C. G. Jung
sah die Symbole
der Alchemie als
Teil der sym-
bolischen Suche
nach dem wahren
Selbst.

früheren Phase der Menschheit stammen, als diese versuchte, die Natur zu bezwingen – zunächst mit Magie, dann mit Göttern und der Religion. Auf der anderen Seite verbindet die holistische Geschichtsschreibung Mythen mit historischen Prozessen – wie dem Ersetzen eines theologischen Systems durch ein anderes, im Zuge einer Eroberung oder kultureller Assimilation. Die astronomische Interpretation von Mythen (siehe S. 66–67) vertritt die Ansicht, dass Mythen die Antwort des Menschen auf die Natur reflektieren.

Die Romantik des 19. Jahrhunderts unterscheidet sich sowohl von der naturalistischen als auch historizistischen Tradition. Sie sieht die Mythen als bildhaftes Mittel, mit dem die Menschheit spirituellen Idealen symbolischen Ausdruck verleiht. Diese „mythopoetische" Kreativität wird nicht nur den Griechen und Ägyptern zugesprochen. Der französische Ethnologe Lucien Lévy-Bruhl (1857–1939) meinte, dass der „primitive" Geist in der Lage sei, einfache logische

ENTSPRECHUNGEN

Mythen und der Himmel

Kategorien wie die Ursächlichkeit zu verstehen, und nicht wie wir die Fähigkeit verloren habe, die übernatürliche Welt zu erkennen und ihr zu antworten. Omen, Götter und Geister sind real, und deren Welt ist in den Mythen aufgezeichnet. Die mythopoetische Sichtweise wurde vom strukturalistischen Ansatz von Claude Lévi-Strauss (geboren 1908) überschattet, denn dieser argumentierte, dass Mythen die grundlegenden Muster der sozialen und kulturellen Organisation reflektierten. Das Werk von C. G. Jung wurde jedoch von Lévy-Bruhl und der Romantik, die im Mythos eine spirituelle Offenbarung sahen, beeinflusst.

Wie in seiner Studie zur Präzession (siehe S. 36–37) gezeigt, interpretiert Jung die Astronomie, indem er ihr eine subjektive Dimension gibt und das Unbewusste ins Spiel bringt. Der Symbolismus, der den Sternen und Planeten zugesprochen wird, ist Teil des kollektiven Unbewussten, eines Teils des Geistes, der auf universelle Symbole oder Archetypen antwortet. Jung glaubte, dass die zwölf Charaktertypen des Tierkreises gemeinsam mit den dynamischen Eigenschaften der traditionellen Planeten Bewegung und Veränderung hervorriefen und somit die Astrologie „die Psychologie des Altertums" war.

Ein Detail aus einem Manuskript (9. Jh.), das Christus als Sonne zeigt, umgeben von den Tierkreiszeichen.

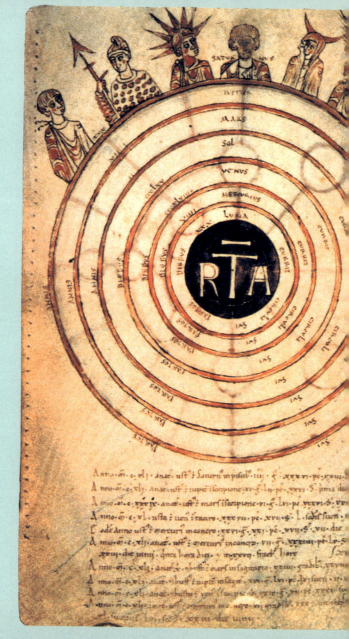

Eine Illustration aus der Bibel von Dijon zeigt die Planeten und deren Sphären nach dem ptolemäischen Weltbild: Die Erde, nicht die Sonne, war Mittelpunkt des Kosmos, der hier in Kreisen nach außen hin zu sehen ist: Mond, Merkur, Venus, Sonne, Mars, Jupiter und Saturn. Oben sind die Planeten als Personen dargestellt. Saturn wird von Sonne und Mond flankiert.

Sonne, Mond und Planeten

Dieses Kapitel zeigt, wie Sonne, Mond und die Planeten seit frühesten Zeiten unsere Vorstellung beeinflussten. Die Griechen kannten nur die fünf inneren Planeten, die, wie Sonne und Mond, „Wanderer" (griechisch *planetes*) genannt wurden. Die europäische und indische Astrologie haben ihren reichen Symbolismus bis heute bewahrt, und wir können den mythologischen Entstehungsprozess an den „neuen" Planeten Uranus, Neptun und Pluto beobachten.

Die Sonne wird auf einem Manuskript (14. Jh.) hoch in den Himmel gehalten. Die Sonne symbolisiert in allen Kulturen Leben, Fruchtbarkeit und Schöpfung.

Die Sonne

Bei keinem anderen Himmelskörper ist der Gegensatz zwischen Wissenschaft und Mythos so enorm wie bei unserem größten Himmelskörper, der Sonne. So haben sich im Lauf der Zeit zwei unterschiedliche Wahrheiten herausgebildet.

Wissenschaftlich gesehen ist die Sonne ein gewöhnlicher Stern, einer von Millionen von Sternen, die die unvorstellbare Weite unseres Universums bevölkern. Ihre glühende Sphäre besteht hauptsächlich aus Wasserstoff, der in ihrem Kern bei einer Temperatur von 20 000 000 °C in einer Kernfusion zu Helium wird. Die Sonne ist Quelle und Erhalterin eines Planetensystems, das sie umkreist. Die Planeten sowie Asteroiden und verschiedene Kometen sind Überbleibsel einer riesigen Supernova-Explosion, die vor etwa 4 000 Millionen Jahren in unserer Galaxie stattfand. Verglichen mit der Sonne sind alle anderen Teile des Sonnensystems winzig klein – denn die

SONNE, MOND UND PLANETEN

Ein spiralförmiges Sonnensymbol auf einem Stein aus Gotland, Schweden (5. Jh.). Motive wie dieses waren in Nordeuropa in der Bronze- und Eisenzeit sehr gebräuchlich.

Sonne ist 1,3-millionenmal größer als die Erde und hat etwa 330 000-mal mehr Masse.

Das Leben auf der Erde ist völlig von der Sonne abhängig. Die Wissenschaft wird geradezu poetisch, wenn sie vom perfekten Gleichgewicht des Lebens auf der Erde, das an das Licht und die Wärme der Sonne gebunden ist, spricht.

Auch wenn die Sonne selbst die menschliche Vorstellungskraft seit jeher beeinflusst hat, so scheint es doch eine unterschiedliche Entwicklung ihrer Symbolik und ihres Mythos zu geben. Gelegentlich wurden Sonnensymbole an prähistorischen Kultstätten, wie den Matapo Hills in Simbabwe, gefunden, doch handelt es sich nicht um ein allgemeines Kennzeichen steinzeitlicher Kultur. Die meisten Höhlenmalereien der

SONNE, MOND UND PLANETEN

späten Steinzeit (etwa vor 40 000 Jahren) bilden die Sonne nicht ab: Sie konzentrieren sich auf die weibliche Fruchtbarkeit und auf Jagdtiere.

Zu einem eigenen Sonnensymbolismus kommt es erst mit der Sesshaftigkeit des Menschen. Diese Veränderung kann in den Mythen einiger Kulturen nachvollzogen werden, in denen die Sonne einer von vielen mythischen Charakteren ist. Im griechischen Mythos hatte beispielsweise der Sonnengott Helios, Nachkomme der Titanen Hyperion und Theia, nur einen niedrigen Status. Wir wissen, dass er, begleitet von Eos, westwärts über den Himmel zog, aber es gibt nur wenige Mythen über Helios selbst. Erst später nahm Apoll Helios' Eigenschaften an und wurde so zum olympischen Sonnengott.

Eine der frühesten Zivilisationen, die der Sonne einen speziellen Status zuerkannten, waren die alten Ägypter (um 3 000 v. Chr.). Ra, der Sonnengott, war der höchste Schöpfergott, der als Khepri

Die Sonne

Die Sonne

auf- und als Atum unterging. Er war auch Horus, der Gott mit dem Falkenkopf, der von den Griechen später mit Apoll identifiziert wurde.

Khepri, der Gott der aufgehenden Sonne, wurde als Skarabäus abgebildet, der die Sonnenkugel über den Horizont rollt. Aus der Hieroglyphe für den Skarabäus wurde dann das astrologische Zeichen für den Krebs, das Zeichen, das mit der Sommersonnenwende assoziiert wird. Damals wie heute symbolisierte dieses Zeichen Fruchtbarkeit und Erneuerung des Lebens.

Seinen Höhepunkt erlangte der Status der Sonne im alten Ägypten im 14. Jh. v. Chr., als Pharao Echnaton („Ruhm Atons") in einer kurzen religiösen Revolution die Sonne (Aton) über alle Götter stellte. Diese Idee wurde in späteren Jahrhunderten wieder aufgenommen, besonders eindrucksvoll in den Sonnenkulten um den römischen Imperator.

Eine babylonische Terrakotta-Statuette (um 2000–1750 v. Chr.), die den Sonnengott Schamas darstellt, den Sohn der Mondgöttin Sin und Bruder der Liebesgöttin Ischtar. Diese drei repräsentieren die babylonische Triade.

SONNE, MOND UND PLANETEN

Die Geschichte der Sonnenverehrung in Rom verbindet verschiedene Stränge des Himmelssymbolismus und war oftmals Produkt politischer Propaganda. Ein Aspekt war der Mithraskult, der aus Persien kam. Mithras, ein Stiergott, wurde mit dem Sternbild Stier (siehe S. 225–228) verbunden und häufig an einem Tisch mit der Sonne abgebildet. In einer paradoxen Umkehrung, wie sie für die Mythologie oft typisch ist, wurde er auch als Sonnengott dargestellt, der den Stier schlachtet. In dieser Form war er auch als Helios, der Sonnengott, und Sol invictus, der unbesiegbare Sonnengott, bekannt.

Ein anderer Aspekt war der phönizische Sonnengott Baal, der in Form eines schwarzen Steines verehrt wurde. Baal wurde im Römischen Reich im 2. Jh. n. Chr. populär. Im Jahr 218, als Elagabalus Kaiser wurde, wurde der Sonnenkult offizielle Religion. Aurelian, der von 270 bis 275 regierte, integrierte den Sonnenkult in die traditionelle römische Religion und nannte den Sonnengott

Die Sonne

111

SONNE, MOND UND PLANETEN

Die ägyptische Königin Nofretete bringt dem Sonnengott, gezeigt als Sonnenscheibe Aton, von der *anch*, das Symbol der aufgehenden Sonne, hängt, ein Opfer dar.

Deus Sol Invictus – Gott, die unbesiegbare Sonne. Erst unter der Regentschaft von Konstantin (312–337), als das Christentum Fuß fasste, wurde der Sonnengott verbannt (und auch integriert). Das Fest von Sol Invictus war am 25. Dezember, dem Geburtstag des unbesiegbaren Königs der Christen.

Die intensivste Form der Verehrung erfuhr die Sonne in den mittelamerikanischen Kulturen. Das aztekische Schöpfungsepos endet mit der Entstehung der Fünften Sonne, der die Sonne der Erde, des Windes, des Feuers und des Wassers vorangingen. In dieser Kultur müssen die Götter selbst geopfert werden, um die Sonne zu bewegen. Der gefiederte Schlangengott Quetzalcoatl schneidet einem nach dem anderen das lebende Herz heraus, und so entsteht die sich bewegende Sonne, Nahui Ollin. Dies ist die Basis der erschreckenden menschlichen Opfer der Azteken.

Die Sonne symbolisiert Wahrheit und Integrität: „Erkenne dich selbst" ist das

SONNE, MOND UND PLANETEN

Motto des Orakels von Delphi in Griechenland, das Apoll geweiht ist. Der große neoplatonische Philosoph der italienischen Renaissance, Marsilio Ficino (1433–1499) lehrte, dass wir durch zwei Fähigkeiten „sehen", durch die gewöhnlichen Gedanken und durch den höheren Intellekt. In seinem letzten großen Gedicht *De Sole* („Über die Sonne") zeigt Ficino, dass die Sonne nicht ein, sondern zwei Lichter hat: das gewöhnliche Licht der irdischen Sinne und ein verstecktes, okkultes Licht – die Inspiration der Astrologie.

Diese Idee des „versteckten Lichtes" der Sonne findet sich auch bei den Pueblo-Völkern in Nordamerika: Oshatsh, die Sonne, ist trotz ihrer blind machenden Strahlkraft ein Schild, der die Menschheit vor dem Licht des Großen Geistes schützt. So schließt sich der Kreis zwischen den Mythen der verschiedensten Kulturen.

UNTEN Der aztekische Gott Quetzalcoatl, „Gefiederte Schlange", wird mit der Entstehung der Fünften Sonne in Verbindung gebracht.

Die Sonne

Der Mond

Mit einem Durchmesser von 3 476 Kilometern ist der Mond der größte Satellit im Sonnensystem. Die Erde hat zum Vergleich einen Durchmesser von 12 714 Kilometern. Die Erde und der Mond sind durch die Gravitationskräfte so miteinander verbunden, dass der Mond in 27,32 Tagen um seine eigene Achse und um die Erde rotiert: Dies bedeutet, dass wir immer nur eine Seite des Mondes sehen und dass die andere Seite vor unserem Blick versteckt ist. Unser Satellit ist eine tote Welt, er hat keine Atmosphäre, kein Oberflächenwasser und kein Leben, wie wir es kennen.

Wie die Planeten können wir auch den Mond nur durch reflektiertes Licht sehen. Zu- und abnehmender Mond sowie der Vollmond werden direkt von der Sonne bestrahlt – eine volle Mondphase dauert 29,53 Tage. Ausgehend von Neumond nimmt er über das erste Viertel bis zu Vollmond zu, um über das letzte

SONNE, MOND UND PLANETEN

Viertel bis Neumond abzunehmen. Ein wunderschönes Phänomen des Abendhimmels ist das „Erdlicht", ein Schatteneffekt, der dadurch entsteht, dass die Erde Sonnenlicht auf die dunkle Seite des Mondes reflektiert.

Der Mondsymbolismus ist in verschiedenen Kulturen und Epochen sehr komplex und oft paradox. In prähistorischen Zeiten scheint der Mond eine größere Bedeutung als die Sonne gehabt zu haben, und es wird angenommen, dass die meisten Kulturen ihre Kalender anhand der Mondmonate und nicht anhand der Jahreszeiten der Sonne berechnet haben. So wurden auch viele megalithische Kultstätten an der Mondumlaufbahn ausgerichtet.

Aus unserer Perspektive sind Sonne und Mond ein himmlisches Duo – die zwei großen Lichter des Himmels, die fast auf der ganzen Welt als die Zwillingsherr-

Eine Tarotkarte, die den Mond darstellt. Der Mond steht im Tarot für die Vorhersage versteckter Gefahren, Illusion und Enttäuschung.

SONNE, MOND UND PLANETEN

Der Mond

scher von Tag und Nacht gelten. Auch der Umstand, dass sie trotz ihrer Distanz gleich groß wirken, hat dazu beigetragen.

Die altägyptische Religion interpretiert die Tatsache, dass Sonne und Mond auf- und untergehen, dahingehend, dass sie einander abwechseln: Als der Sonnengott Ra während der Dunkelheit seine Unterweltreise antrat, musste der Mondgott Thoth dessen Platz in der Oberwelt einnehmen. Thoth war auch für den Kalender verantwortlich, lehrte die Menschheit Kunst und Wissenschaft und wurde von den Griechen als Hermes übernommen. In einer späteren Epoche wurde der Mondgott Thoth als Hermes Trismegistos das Vorbild für die „hermetische" Tradition des griechischen, islamischen und europäischen Okkultismus.

Weil der Mond den Menstruationszyklus (lateinisch *mensis*, Monat) regulierte, wurde er im Altertum mit Fruchtbarkeit asso-

Die römische Göttin Luna aus der *Mythologiae* von Natalis Comitis (1616) mit ihren Attributen: dem zunehmenden Mond auf ihrem Kopf, der Fackel in ihrer rechten Hand, einem Bogen und Pfeilen am Rücken und einem Hund zu ihren Füßen.

ziiert, und es scheint, dass dem Mond
zunehmend eine weibliche Rolle zuge-
dacht wurde, während die Sonne den
männlichen Part übernahm. Eine charakteristische Darstellung des weiblichen,
gütigen Mondes findet sich in der
Mondgöttin Chang E oder Heng E, eine
der beliebtesten Figuren des chinesischen
Volksglaubens. Das Mondfest, das beim
ersten Vollmond nach dem Herbstäqui-
noktium gefeiert wird, ist eines der drei
großen Jahresfeste.

Heute sehen wir es als gegeben an,
dass der Mond als weibliches Symbol gilt,
doch war er durchaus auch männlich be-
legt, so als ägyptischer Mondgott Thoth.
Der japanische Mondgott Tsuki-Yomi ist
männlich, und in der frühen mesopotamischen Mythologie war der Mondgott
Sin ein alter Mann mit einem Bart.

In der hinduistischen Mythologie ist
der Mond der Platz der verstorbenen
Seelen. Der Mond als Reich der Toten
bringt uns in seinem Symbolismus noch
einen Schritt weiter. Analog zu den Mond-

SONNE, MOND UND PLANETEN

Der Mond

phasen kann der menschliche Zyklus von Geburt, Wachstum, Verfall und Tod gesehen werden. In der Mythologie von einigen Teilen Südamerikas gilt der Mond als die Mutter der Gräser. Im alten Mesopotamien nahm man an, dass die Hitze des Mondes, nicht jene der Sonne die Pflanzen zum Wachsen brachte. Dieses Paradoxon von Leben und Tod erscheint in der Vorstellung des Mondes als dreifache Göttin, ein mythologisches Motiv, das in verschiedener Gestalt auftritt, wie bei den drei Parzen oder den drei Nornen. Für griechische Poeten war die jungfräuliche Jagdgöttin Artemis (römisch Diana) eine Göttin mit drei Formen – die beiden anderen Aspekte verkörperten Selene, der Mond am Himmel, und Hekate, die Zaubergöttin der Unterwelt. Die dreifache Göttin entspricht den drei Mondphasen: Der silberne Bogen der Artemis repräsentiert den zunehmenden Neumond, Selene ist der Vollmond, und Hekate ist die dunkle Seite des Mondes –

Wie die Sonne wurde der Mond als Figur abgebildet, die in einem Wagen über den Himmel fährt, wie auf diesem Glasfenster aus dem 13. Jahrhundert. Luna bedeutet im Lateinischen Mond (siehe auch S. 116).

118

SONNE, MOND UND PLANETEN

Diese Malerei auf einer griechischen Schale (um 490 v. Chr.) zeigt die Mondgöttin Selene in ihrem Wagen. Die Tochter der Titanen Hyperion und Thea liebte Endymion, den König von Elis. Sie wollte, dass er ewig lebte, und versetzte ihn in einen Zauberschlaf, durch den er ewig jung blieb.

manchmal wurde sie als alte Frau dargestellt, die die letzten Momente des Mondzyklus symbolisiert, jeweils am Monatsende wurden ihr Trankopfer dargebracht.

Die Mondphasen tauchen in den Mythologien der ganzen Welt auf. Im Mythos der Maori entführte der (männliche) Mond die Frau des Gottes Rona. Dieser war darüber erzürnt und stellte sich dem Kampf, den sie auf alle Zeiten am Himmel ausführen. Nimmt der Mond ab, ist er so erschöpft, dass er während der zunehmenden Phase eine Kampfpause benötigt. Bei Vollmond beginnt der Kampf von neuem.

Im Symbolismus der Psychologie und Astrologie steht der Mond für das Unterbewusstsein – für das gedämpfte Licht des Unbewussten, im Gegensatz zum viel helleren Licht des Bewusstseins.

SONNE, MOND UND PLANETEN

MERKUR

Merkur

Merkur, der halb so groß ist wie die Erde, ist der kleinste Planet und der Sonne am nächsten (58 Millionen Kilometer). Von der Erde aus betrachtet ist Merkur nie weiter als 28° von der Sonne entfernt, und während seiner 88-tägigen Umlaufzeit scheint er sich ständig zur Sonne hin- und wieder zurückzubewegen (siehe auch S. 34–35) – daran erinnert seine mythologische Darstellung als Götterbote. Doch seine Nähe zur Sonne macht es uns schwer, ihn mit bloßem Auge zu sehen, und man kann Merkur nur kurz bei Sonnenauf- und -untergang im frühen Frühling oder Herbst beobachten.

Die Priesterastrologen in Mesopotamien sahen in Merkur den Gott Nabu, und diesem zu Ehren gab es ausgehend von Borsippa, einer Stadt im Süden Babylons, einen eigenen Kult. Es gibt nur wenige Hinweise auf diesen Kult, aber man weiß, dass Nabu um 1000 v. Chr. die frühsumerische Göttin Nisaba (oder

Merkur auf einem Bild aus dem 15. Jh. Er hält einen Sack mit Münzen als Zeichen des Handels und den Äskulapstab, ein Zauberstab aus zwei ineinander verschlungenen Schlangen, der heilende Kräfte haben soll. In den kleinen Kreisen sind die Tierkreiszeichen Zwillinge (links) und Jungfrau (rechts), die Merkur beinflusst.

SONNE, MOND UND PLANETEN

Merkur

Nidaba) als Gott der Schriftgelehrten ersetzte. Nabu war der Sohn des königlichen Marduk (entspricht dem römischen Gott Jupiter), und jegliche Wandlung des Planeten Merkur bedeutete eine Veränderung für den Sohn des Königs, den Kronprinzen. Nabus wichtigste Funktion war die des Schreibers der Götter. Am siebenten Tag des Frühlingsfestes, dem mesopotamischen Neujahr, rettete er Marduk vor einer Gefangennahme. Dies symbolisiert die Wiederherstellung von Autorität und Ordnung für das kommende Jahr, und am elften Tag trafen sich die Götter, um das Schicksal der Welt zu entscheiden, wobei Nabu mitschrieb.

Der römische Gott Merkur war ursprünglich ein Gott des Handels, und Wörter wie „Markt" und „kommerziell" entstammen seinem lateinischen Namen. Er entspricht Hermes, dem griechischen Gott der Bewegung, des Reisens und des Tausches. Hermes war zunächst ein phallischer Fruchtbarkeitsgott und der Gott der Reisenden. Sein Name bedeutet wörtlich „der vom Steinhaufen": Der Gott wurde durch Steinhaufen am Wegesrand verehrt, denen Reisende weitere Steine hinzufügten. Hermes geleitete die Seelen der Toten in die Unterwelt, und er war der Götterbote.

SONNE, MOND UND PLANETEN

Merkur

Als Sohn von Zeus und der Nymphe Maia hatte Hermes seit dem Tag seiner Geburt göttliche Eigenschaften. An diesem Tag erfand er noch vor Mittag die Leier, und bevor der Tag zu Ende war, stahl er seinem Halbbruder Apoll 50 Kälber aus dessen Herde. Apoll war wütend, doch Zeus fand Gefallen an dem klugen Kind und machte ihn zu seinem Becherträger. Auf den ältesten Abbildungen sieht man Hermes als alten Mann mit einem langen Bart, aber zumeist wurde er als schöner Jüngling abgebildet.

In den letzten Jahrhunderten vor Christus wird Hermes dem ägyptischen Gott Thoth gleichgesetzt. Davor war Thoth ein Mondgott, mit ähnlichen Charakteristika wie Hermes. Er war Patron

Diese Zeichnung von Henrik Goltzius (1587) zeigt Merkur als jungen Mann mit geflügelter Kappe (statt mit seinen geflügelten Sandalen). Laut Julius Cäsar war ein Gott, den er „Merkur" nannte, der meistverehrte Gott der gallischen und britischen Kelten.

123

der Wissenschaft, Götterbote und Schreiber der Götter. Diese Verschiebung von Attributen des Mondes auf Merkur ist ein Beispiel für die kulturelle Assimilation unter wachsendem griechischen Einfluss ab dem 4. Jahrhundert vor Christus.

In derselben Periode wurde Hermes-Thoth in Hermes Trismegistos („dreimalgrößter Hermes") umbenannt, ein Aspekt des Gottessymbolismus, der für die spätere Magie und Alchemie bedeutsam war. Dieser Gott soll der Menschheit Medizin, Magie, Astrologie und Alchemie gebracht haben. In der europäischen Alchemie finden wir ihn in seiner lateinischen Form *Mercurius* – das Ziel alchemistischer Arbeit und der geheime Helfer, manchmal eine Christus ähnliche Figur, manchmal ein Betrüger oder ein Drache, der den Stein der Weisen bewacht.

In der Astrologie glaubt man, dass jene, die unter dem Einfluss des Planeten Merkur geboren sind, schlagfertig, schlau, aufgeweckt und sprachgewandt sind. Doch sind sie auch sehr unbeständig.

Venus

Venus wird manchmal als die Zwillings-
schwester der Erde bezeichnet, denn
zwischen den beiden Planeten besteht
eine physikalische Ähnlichkeit. Sie hat
einen Durchmesser von 12 231 Kilometern, während jener der Erde 12 757
Kilometer beträgt, aber ihr Gewicht ist
um 17 Prozent geringer. Venus hat eine
Umlaufzeit von 225 Tagen um die Sonne,
ist 108 Millionen Kilometer von ihr entfernt und liegt damit innerhalb der Erdumlaufbahn. Von der Erde aus betrachtet
scheint es daher, dass Venus, wie Merkur,
nahe der Sonne über den Himmel zieht,
ihre maximale Entfernung beträgt 48°. Ein
Tag auf der Venus entspricht 243 Tagen
auf der Erde, da sie sich langsamer um
ihre eigene Achse als um die Sonne dreht.
Venus rotiert in umgekehrter Richtung
(von Ost nach West), was sie von allen
anderen Planeten im Sonnensystem
unterscheidet. So ist sie nicht nur durch
ihre außergewöhnliche Schönheit, son-

SONNE, MOND UND PLANETEN

Venus

dern auch durch ihre physikalische Eigenheit ein ganz besonderer Planet.

Die Sichtbarkeit eines Planeten hängt von der Reflektion des Sonnenlichts ab. Die dichte Wolkenatmosphäre, die Venus umgibt, ermöglicht es,

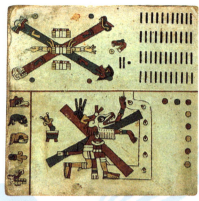

dass ein großer Anteil des Lichts reflektiert wird, und so hebt sich Venus zu gewissen Zeiten von anderen Objekten – außer Sonne und Mond – durch ihre Helligkeit ab. In einer mondlosen Nacht kann man bei gutem Wetter die Schatten beobachten, die vom blau-weißen Licht des Planeten stammen.

Vergleicht man in verschiedenen Kulturen den Symbolismus der Venus, so findet man gleich viele Gegensätze wie Gemeinsamkeiten. Das Licht der Venus, das den meisten Europäern so schön erscheint, wird von der traditionellen

Venus wird abwechselnd als Morgen- und Abendstern gesehen. Diese Illustration aus dem Codex Féjérváry-Mayer zeigt den Aztekengott Xolotl, Venus als Abendstern, an der Kreuzung des Schicksals. Der Gott wurde später Zwillingsbruder des höchsten Gottes Quetzalcoatl, dem Morgenstern.

126

SONNE, MOND UND PLANETEN

chinesischen Astrologie mit Misstrauen beäugt. Venus wurde wegen ihrer Farbe „Große Weiße" genannt, doch in China wird Weiß mit Unglück, Bedrohung und Geistern assoziiert. Wenn Venus am Himmel erschien, bedeutete dies Waffen und Bestrafung. Dies kommt von ihrer Verbindung mit dem negativen, dunklen Prinzip des *Yin* – im Gegensatz zum positiven, hellen *Yang*. Erschien sie bei Tageslicht (was gleich nach Sonnenaufgang oder kurz vor Sonnenuntergang möglich ist), hieß es, das Yin habe das Yang bezwungen und der Herrscher bekomme Schwierigkeiten durch die niederen Stände.

Der kriegerische Aspekt der Venus ist vor allem in der Kultur der Maya auffällig.

Ein römisches Steinrelief zeigt die Geburt der Göttin Venus (griechisch Aphrodite). Venus wurde aus dem Schaum geboren, der entstand, als die Genitalien des kastrierten Gottes Uranus ins Meer fielen.

Entscheidungen darüber, wann und wo Kämpfe stattfinden sollten, wurden an den Zyklen von Venus und Jupiter angeglichen. Der wichtigste Gott in Mittelamerika, die gefiederte Schlange Quetzalcoatl, wurde mit Venus als Morgenstern identifiziert, der im Osten kurz vor der Dämmerung aufgeht. Das rituelle Kalendersystem der Maya war mit der Beobachtung des Planeten verbunden. Mittelamerikanische Himmelsbeobachter haben schon sehr früh den 584-tägigen synodischen Zyklus der Venus und ihre Phasen als Morgen- und Abendstern erkannt. Die Venustabelle zeigt 65 dieser 584-tägigen Zyklen: insgesamt 37 960 Tage. Dies fällt mit den 146 der 260-Tages-Zyklen im Kalender der Maya und den 104 Sonnenjahren zu 365 Tagen zusammen.

Dass die Jahre exakt mit der Umlaufzeit der Venus multiplizierbar waren, machte die Venus bei den Maya zum wichtigsten Planeten. Bei seinem Aufgang (noch vor der Sonne) wirft der

Planetengott Quetzalcoatl Speere aus seinen Lichtstrahlen, um seine Feinde aufzuspießen. In manchen Teilen Mexikos verriegelte man die Fenster und Türen, um sich vor den Strahlen der Venus zu schützen, die angeblich Krankheit und Tod brachten.

Die mesopotamische Deutung des Himmels zeigt uns ein ganz anderes Bild der Venus, die in der westlichen Kultur mit Liebe verbunden wird. Die ursprünglich mit Venus assoziierte sumerische Göttin Inanna bzw. Ischtar war Teil der großen mesopotamischen Triade von Sonne, Mond und Venus. Ischtar war die Göttin der Liebe, des Sex und der Fruchtbarkeit, aber sie war auch eine wilde Kriegsgöttin. Ischtars griechisches Äquivalent, Aphrodite (die römische Venus), war die Göttin der Liebe und Sexualität, deren bekanntester Liebhaber der Kriegsgott Ares (Mars) war.

Ein mittelalterlicher Holzschnitt des Planeten Venus. Die Figur wird mit den Tierkreiszeichen Waage (rechts) und Stier (links) gezeigt, über die sie herrscht. Das Zeichen der Venus befindet sich im Bild rechts, unter dem Emblem des Morgensterns.

Venus

SONNE, MOND UND PLANETEN

Mars

In einer Entfernung von 229 Millionen Kilometern zur Sonne und einer Umlaufzeit von 688 Tagen ist der Mars der erste der äußeren Planeten. Er ist verhältnismäßig klein, etwa halb so groß wie die Erde, aber durch seine Nähe ist er gut sichtbar. Er hat zwei Monde, Deimos und Phobos, wobei Letzterer so nahe bei Mars ist, dass seine Umlaufzeit nur 7,5 Stunden beträgt. Die Atmosphäre des Mars ist jener der Erde ähnlich. Offensichtlich besitzt er Wasser und Spuren von Sauerstoff, und seine Oberflächentemperatur kann 25 °C betragen – Leben ist daher auf dem Mars möglich.

Jahrhundertelang hoffte man, Leben auf dem Mars zu entdecken. Durch Teleskope entdeckte man auf dem Mars Oberflächenerscheinungen, etwa „Kanäle", Linien, die zu regelmäßig erschienen, als dass sie natürlich sein könnten. Doch auf neueren Satellitenaufnahmen sah man, dass diese Linien, abgesehen von einem riesigen Canyon, optische Täuschungen sind. Pyramidenähnliche Formationen haben neuerlich Spekulationen hervorgerufen.

Der Symbolismus des Mars ist über die Kulturen hinweg einheitlicher als jener der anderen Planeten, vielleicht aufgrund des charakteristischen Rots, das durch das Eisenoxid auf seiner Oberfläche hervorgerufen wird: Rot wird auf der ganzen Welt mit Feuer und Blut assoziiert.

In der chinesischen Tradition wird der rote Planet mit dem Element Feuer, der Sommerhitze und dem Herzen verbunden. Die taoistischen Alchemisten hielten ihn für Zinnober, rotes Quecksilbersulfid. Seit den frühen Kulturen Mesopotamiens gilt Mars als übelwollender Gott des Todes, des Krieges und als Überbringer von Unheil. Seine früheste bekannte Form war der sumerische Lugalmeslam, der die Unterwelt regierte, in welche die Sonne jede

GEGENÜBER Der Planet Mars auf einem englischen Schäferkalender (1497). Er wird mit Feuer und den Tierkreiszeichen Widder und Skorpion, über die er herrscht, abgebildet.

SONNE, MOND UND PLANETEN

Mars

Nacht reist. Aus ihm wurde Nergal, der wichtigste Marsgott der Mesopotamier. Da er den Boten der Unterweltgöttin Ereschkigal beleidigt hatte, musste er in ihr Reich hinabsteigen, doch Ea, der Gott der Weisheit, warnte ihn, nur ja nichts von ihr anzunehmen.

Ereschkigals Diener brachten einen Stuhl, aber er setzte sich nicht; sie brachten ihm Brot und Bier, aber er aß und trank nicht; sie brachten ihm ein Fußbad, aber er wusch sich nicht. Ereschkigal nahm dann ein Bad und gewährte ihm einen Blick auf ihren Körper. Zunächst konnte er widerstehen, doch als er sie noch einmal sah, gab er auf.

Sie liebten sich sechs Tage lang, und am siebenten Tag ging Nergal wieder in die Oberwelt. Ereschkigal drohte damit, die Toten auferstehen zu lassen, bis mehr Tote als Lebende die Erde bevölkern würden, sollte ihr Liebhaber nicht zurückkehren. Der durchaus willige Gott regierte dann gemeinsam mit Ereschkigal die Unterwelt.

SONNE, MOND UND PLANETEN

Ein Fresko aus Pompeji (1. Jh. n. Chr.) zeigt den Kriegsgott Mars in Kampfkleidung, wie er Venus, die Göttin der Liebe, umarmt.

Es gibt eine ähnliche mesopotamische Geschichte von Ischtar, die in die Unterwelt hinabsteigt, und die Verbindung von Nergal und Ischtar erinnert an den späteren Symbolismus von Mars und Venus. Im klassischen Mythos wurde Nergal dem griechischen Kriegsgott Ares, dem römischen Mars, gleichgestellt. Bei den Griechen war Ares nicht bedeutend, doch die Römer verehrten ihn als Kriegsgott. Ares/Mars liebte den Krieg als solchen und kümmerte sich nicht um Recht oder Unrecht der Partei, für die er kämpfte.

Mars

Die meisten anderen Götter verachteten ihn, außer Eris, die Göttin der Zwietracht und des Streites sowie Aphrodite (Venus). Die Beziehung zwi-

133

SONNE, MOND UND PLANETEN

Mars

schen Mars und Venus war äußerst erotisch und steht für Sexualität sowie sexuelle Verschiedenheit. Sogar heute noch stehen die Zeichen dieser beiden Planeten für männlich und weiblich (siehe S. 8).

Der französische Statistiker und Psychologe Michel Gauquelin (1928–1991) unternahm die bedeutendste moderne wissenschaftliche und astrologische Untersuchung über Mars. Seinen ersten Durchbruch hatte er mit dem „Marseffekt" in den frühen 1950er Jahren. Er sammelte Tausende französische Geburtsurkunden (mit Geburtsort und -zeit) und wies anhand dieses Materials nach, dass französische Spitzenathleten überwiegend im Zeichen Mars geboren werden.

Mars reflektiert den starken Willen und die Zielstrebigkeit, die man im Sport braucht, um an die Spitze zu gelangen. Skeptisch gesinnte Wissenschaftler lehnten Gauquelins „Marseffekt" freilich als Unsinn ab, aber seine Methode konnte nie widerlegt werden.

SONNE, MOND UND PLANETEN

JUPITER

Eine mittelalterliche Zeichnung von Jupiter. Der Fisch und der Pfeil weisen auf die Zeichen Fische und Schütze, die er beherrscht.

Als Riese unter den Planeten ist Jupiter 1000-mal so groß wie die Erde und 300-mal so schwer. Auf ihn wirken äußerst starke Gravitations- und Rotationskräfte, die in seiner Atmosphäre Wirbelstürme aus Methan und Ammoniak auslösen. Der Radius seiner Umlaufbahn beträgt 777 Millionen Kilometer, weswegen ihn das Licht und die Wärme der Sonne kaum erreichen. Leben, wie wir es kennen, ist daher unvorstellbar. Jupiters Rolle als König der Götter passt zu seiner Größe im Sonnensystem und zur Tatsache, dass er zwölf Monde hat. Galilei entdeckte vier davon im Jahr 1610, die mit guten Ferngläsern gesehen werden können.

Jupiter hat eine Umlaufzeit von 11,86 Jahren um die Sonne. Der Planet steht daher jedes Jahr in einem anderen Sternzeichen, so wie es bei der Sonne jeden Monat der Fall ist. Chinesische

Jupiter

135

SONNE, MOND UND PLANETEN

Jupiter

Astrologen nannten Jupiter wegen dieser Übereinstimmung den „Jahresstern". Man meinte, dass der Planet jeder Sternengruppe, die er passierte, Kraft gab, und er galt wie in der europäischen Astrologie als göttlicher Gesetzgeber, der mit der irdischen Autorität in Verbindung stand. Auf traditionellen chinesischen Illustrationen erscheint Jupiter als hoher Beamter, als örtlicher Repräsentant des Kaisers.

Im mesopotamischen Mythos war Jupiter der Planet von Marduk, dem Schutzgott von Babylon. Marduk scheint ursprünglich eine landwirtschaftliche Gottheit gewesen zu sein, die mit der fruchtbaren Wirkung von Wasser assoziiert wurde. Diese Vorstellung finden wir auch bei den Römern, die ihren Gott Jupiter als Jupiter Pluvius, den Regenbringer, verehrten. Im mesopotamischen Schöpfungsmythos (2. Jahrtausend v. Chr.) wurden die ersten Götter vom Urpaar geschaffen, dem Gott

Dieser Grenzstein (12. Jh. v. Chr.) zeigt die mesopotamischen Götter samt Ischtar (oben links). In der Mitte sind die Drachen von Marduk und Marduks Sohn Nabu.

136

SONNE, MOND UND PLANETEN

Apsu und der Göttin Tiamat, aber ihre Nachkommen waren so laut, dass Apsu sie zerstören wollte. Ea, ein Nachkomme, hörte davon und tötete Apsu. Tiamat wollte Rache und führte eine Truppe schrecklicher Monster an. Marduk, Eas Sohn, erklärte sich damit einverstanden, die Götter zu retten, wenn sie ihn zur höchsten Autorität ernannten.

Die Götter bildeten in ihrer Mitte eine Konstellation und forderten Marduk auf, diese zu zerstören und sie wieder herzustellen. Er tat es, und die Götter freuten sich und ernannten ihn zum König. Er nahm Tiamats Monster gefangen und brachte die Göttin um. Marduk spaltete ihren Körper und schuf Himmel und Erde daraus, und aus ihrem Speichel entstanden Wolken, Wind und Regen.

Wie bei den anderen Planeten stammt der Name Jupiter von der römischen Version einer griechischen Gottheit, in diesem Fall von Zeus, Herr über die Götter. Frühe Mythen von Zeus weisen erstaunliche Parallelen zu Marduk auf,

Jupiter

SONNE, MOND UND PLANETEN

Jupiter

doch in der späteren griechischen Philosophie erhielt Zeus den abstrakten Status göttlichen Gesetzes. Bevor ihm die Philosophie diesen Platz zusprach, war er in der Mythologie schon der Gesetzgeber der Götter selbst und der unbestrittene Vater der Götter des Olymps. Die einzelnen Götter sind in Zeus vereint, der nicht nur dem Pantheon als höchste Macht vorsteht, sondern den göttlichen Willen allgemein verkörpert: Zu ihm gelangen alle Gebete.

In der traditionellen westlichen Astrologie ist Jupiter ein Planet aus einer Gruppe Gleichgestellter, aber auch hier verliert er nie seine Herrschermacht. Er ist als „großer Wohltäter" bekannt, der Fortschritt und Expansion sucht. Jupiter ist aufgeschlossen, überschwänglich, stolz und gebieterisch sowie im Allgemeinen ehrenhaft. Er steht für Religion und Philosophie und ist ein weiser Berater und Lehrer: Der indische Name für den Planeten, Guru, weist auf diese Rolle hin.

138

SONNE, MOND UND PLANETEN

Saturn

Saturn ist nach Jupiter der zweitgrößte Planet. Mit einem Durchmesser von 120 700 Kilometern weist er das 318-fache Volumen der Erde auf. Er ist 1 426 Millionen Kilometer von der Sonne entfernt, ist damit seit dem Altertum der fernste bekannte Planet und leuchtet schwächer als Jupiter, Venus oder Mars.

Seit den ersten teleskopischen Beobachtungen fasziniert er die Menschen aufgrund seines schönen Ringsystems, das aus unzähligen Teilchen besteht, die um seine Äquatorialebene kreisen. Das System erreicht einen äußeren Durchmesser von 273 588 Kilometern, aber von der Schmalseite betrachtet hat es nur eine Dicke von 16 Kilometern, weswegen es mit bloßem Auge nicht gesehen werden kann. Saturns Hauptmond, Titan, wurde 1665 entdeckt, ist größer als Merkur und kann daher mit dem Fernglas betrachtet werden. Seine reichhaltige chemische Zusammensetzung hat wissenschaftliche Spekulationen ausge-

139

löst, dass frühe Lebenskonditionen auf der Erde auf molekularer Ebene in diesem Teil des Sonnensystems nachgebildet werden könnten.

Mit einer Umlaufzeit von 29,5 Jahren ist Saturn der langsamste der „alten" Planeten. Dies scheint zu zwei unterschiedlichen Interpretationen im Symbolismus dieses Planeten geführt zu haben. In der mittelalterlichen europäischen Sichtweise des Universums, die auf Ptolemäus zurückging, besetzt Saturn den äußersten Planetenkreis und liegt auf dem Band unter dem Tierkreis. Saturn galt als einsam, langsam, kalt und melancholisch sowie als Herrscher über die Zeit. Passend zu seiner Schwerfälligkeit wurde er mit dem Metall Blei assoziiert. Saturn markiert die äußere Grenze unserer Realität. Ein ähnlicher Symbolismus sieht ihn als Feind des Lebens, als das „große Unheil" – Schmutz, stehendes Wasser und Ungeziefer fallen in seinen Bereich.

In China wird Saturn hingegen als Abbild der Erde interpretiert und steht im

Diese Illustration aus einem arabischen Manuskript (18. Jh.) zeigt verschiedene landwirtschaftliche Tätigkeiten unter der Ägide von Saturn.

Zentrum der fünf Elemente. Der chinesische Name für Saturn, „bezwingender Stern", deutet auf Teufelsaustreibungen hin. In einem Punkt stimmen die Traditionen überein: Die langsame Bewegung des Saturn verleiht ihm die Nähe zum Alter, und so wird er in Europa und in griechisch beeinflussten Teilen Asiens als alter Mann dargestellt.

Saturn

Die Ursprünge der Deutung des Planeten Saturn in der westlichen Astrologie sind komplex. Im mesopotamischen Mythos wird der Planet dem Gott Ninurta, Bruder des Nergal (Mars), gleichgesetzt. Ninurta rettete die Schicksalstafeln vor einem Drachen und wurde aus Dankbarkeit der Götter zu deren Wächter bestimmt. So wurde er der Bewacher des Schicksals selbst, wie auch der spätere astrologische Saturn.

Die Geschichte von Kronos, dem griechischen Saturn, und der Entmannung seines Vaters Uranos (siehe S. 50) stellt ihn in die Reihe traditioneller Planetengötter. In der nächsten Phase des Mythos wieder-

SONNE, MOND UND PLANETEN

holt sich die Erzählung und macht aus ihm den zweiten – und bedeutendsten – Planetengott. Als Uranos infolge seiner Entmannung im Sterben lag, prophezeiten er und Gaia, dass auch Kronos von einem seiner Söhne entthront werden würde. Um dieses Schicksal abzuwenden, verschlang Kronos seine Kinder, gleich nachdem Rhea sie geboren hatte. Die wütende Rhea gebar ihren dritten Sohn, Zeus, in der Dunkelheit der Nacht und übergab ihn Gaia. Dann gab Rhea Kronos einen Stein zu verschlucken, von dem er glaubte, es sei sein Kind gewesen. Zeus erfüllte die Prophezeiung, vernichtete seinen Vater und nahm die höchste Stellung ein. So gab es nach der Herrschaft von Gaia (Erde) und Uranos (Himmel), in der es noch keine Zeit gab, die aufeinanderfolgenden Zeitalter von Saturn/Kronos und Jupiter/Zeus.

Die Entwicklung des griechischen Kronos zum römischen Saturn ist zunächst verwirrend und ergibt mythologische Elemente, die nicht ganz zum späteren, rein astrologischen Saturn passen. Saturn ent-

SONNE, MOND UND PLANETEN

Eine mittelalterliche Illustration von Saturn (der griechische Kronos), wie er eines seiner Kinder verschlingt. Er schwingt die Sichel, mit der er seinen Vater entmannt hat. Wegen der Sichel haben die Römer Kronos mit Saturn gleichgesetzt, einem Gott der Landwirtschaft.

Saturn

sprach dem römischen Saatgott und wurde mit einem legendären König von Rom identifiziert. Seine Regentschaft galt als so zivilisiert, dass sie später als Goldenes Zeitalter bezeichnet wurde. Das Fest der Saturnalien markierte die Wintersonnenwende, wenn die Sonne in das Saturnzeichen Widder eintritt. Drei Tage lang wurden die Geschäfte unterbrochen, keine Verbrecher bestraft, und Sklaven erhielten besondere Handlungsfreiheiten. Später wurde das Fest, das der heidnische Ursprung unseres Weihnachtsfestes ist, auf sieben Tage ausgedehnt.

Der Statistiker Michel Gauquelin (siehe S. 134) erforschte auch den Saturn und zeigte, dass viele erfolgreiche Ärzte und Wissenschaftler im Saturn geboren sind. In der Astrologie glaubt man, dass der langsame Saturn für die disziplinierte, geduldige und achtsame Haltung steht, die für wissenschaftlichen Erfolg notwendig ist.

Die modernen Planeten

Die Bezeichnung „modern" bezieht sich auf Planeten, die im Altertum unbekannt waren, da sie mit bloßem Auge nicht erblickt werden konnten und erst im Zeitalter moderner Technologie entdeckt wurden. Die Astronomie machte im frühen 17. Jahrhundert mit der Erfindung des Teleskops in den Niederlanden große Fortschritte. Der Himmel gab Dinge frei, die zuvor noch niemand gesehen hatte. Im Jahr 1610 beobachtete der italienische Astronom Galileo Galilei (1564–1642) die Monde des Jupiters durch eine selbst gefertigte Linse mit 30-facher Vergrößerung.

Es dauerte noch 170 Jahre, bis der erste der modernen Planeten, Uranus, 1781 vom britischen Astronom William Herschel (1728–1822) mit dem Teleskop entdeckt wurde. Zuvor hielt man den Planeten irrtümlich für einen Stern. Uranus kann tatsächlich mit bloßem Auge gesehen werden, doch ist er zweimal so weit von der Sonne entfernt wie Saturn und leuchtet inmitten

SONNE, MOND UND PLANETEN

Diese Silbertafel (4. Jh.) zeigt Neptun, den römischen Meeresgott, umgeben von Delfinen. Der Planet Neptun wurde 1846 vom deutschen Astronom Johann Galle entdeckt. Er beherrscht das Tierkreiszeichen der Fische.

anderer kaum sichtbarer Sterne nur schwach. Durch Satellitensonden wissen wir, dass Uranus ein beachtlicher Planet ist, der ein Ringsystem und fünfzehn Monde hat. Äußerst seltsam ist die Tatsache, dass er eine Neigung von 98° auf seiner Rotationsachse hat und sich somit ganz anders als die restlichen Planeten bewegt.

Neptun wurde 1846 entdeckt, weil man in mathematischen Studien aus rätselhaften Störungen in der Umlaufbahn von Uranus und einigen Kometen schloss, dass es ein bislang unbekanntes Gravi-

Die modernen Planeten

145

tationsfeld gab. Neptun hat in etwa denselben Durchmesser wie Uranus (52 930 km) und ist 4 495 Millionen Kilometer von der Sonne entfernt – daher ist er mit dem Fernglas nur schwach erkennbar.

Pluto, der als letzter Planet 1930 entdeckt wurde, ist 5 905 Millionen Kilometer von der Sonne entfernt. Sein Durchmesser ist geringfügig größer als jener von Merkur, und dieser kleine Planet kann nur mit sehr starken Teleskopen gesehen werden.

Die modernen Planeten werfen interessante Fragen auf und zeigen, wie astrologische und symbolische Interpretationen entstehen. Wie kann aus diesen neuen Himmelskörpern ein übereinstimmender Symbolismus entstehen, wenn die Basis einer alten Tradition fehlt? Für einen Astrologen haben Vorgänge wie die Benennung eines Planeten symbolischen Gehalt: Ereignisse auf der Erde müssen sich in der „Natur" des neuen Planeten widerspiegeln und umgekehrt. Daher muss sein Name seiner Natur ent-

SONNE, MOND UND PLANETEN

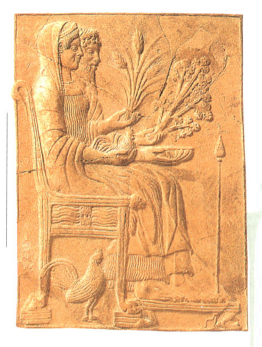

Die modernen Planeten

sprechen. Als Herschel Uranus entdeckte, wollte er ihn „Georgium Sidus" nach König George III. von England nennen, aber ausländische Astronomen waren dagegen. „Neptun" wurde neben nicht akzeptablen Bezeichnungen wie „Neptun de George III." vorgeschlagen. Schließlich

Ein altes römisches Steinrelief zeigt Pluto (Hades), den Gott der Unterwelt, mit seiner Braut Proserpina (bei den Griechen Persephone).

147

Die modernen Planeten

hatte der deutsche Astronom Johann Bode die Idee, ihn „Uranus" zu nennen, nach dem Vater von Saturn und Großvater von Jupiter. Die meisten Astronomen stimmten zu, auch wenn „Herschel" und „Herschellium" noch einige Jahre gebräuchlich waren – daher auch das „H" als Zeichen für den Planeten (siehe S. 8).

Der Symbolismus des Uranus ist in der modernen Astrologie weitgehend unabhängig vom Mythos des Gottes. Bei Neptun und Pluto lassen sich jedoch auch in der astrologischen Deutung die Mythen erkennen. Die Verbindung ist bei Pluto, der römischen Version des griechischen Unterweltgottes Hades, sehr deutlich. In astrologischen Texten heißt es, dass der Planet die „Unterwelt" des Verbrechens, des Bösen und auch des Unterbewussten symbolisierte.

Auch wenn Astrologen der Bedeutung von Namen neuer Planeten große Wichtigkeit beimessen, so ist die Zeit ihrer Entdeckung weitaus bedeutender. Uranus wird mit Umbruch und Revolution verbunden. Seine Entdeckung brachte den endgültigen Bruch mit dem sicheren, mittelalterlichen Kosmos und gefährdete den traditionellen Symbolismus der Astrologie und Numerologie, da es nun statt der heiligen sieben unheilige acht Planeten gab. Etwa zur selben Zeit fanden in Amerika (1775–1783) und Frankreich (1789) Revolutionen statt.

Neptuns historische Verbindungen sind weitaus komplexer. Der moderne Spiritismus nahm 1848 im Staat New York bei übernatürlichen Ereignissen im Haus der Fox-Schwestern seinen Anfang. Im selben Jahr wurde das *Kommunistische Manifest* veröffentlicht – dies zeigt die Nähe Neptuns zum Sozialismus, die seinem Mitgefühl für die unterprivilegierte Klasse entspringt.

Plutos Entdeckung wird von Astrologen als Vorbote der umwälzenden Ereignisse in den 1930er Jahren gesehen – den Aufstieg einer schrecklichen Reihe von Diktatoren mit eingeschlossen. Durch die Atomspaltung kam es auch zu einem Freiwerden neuer, vernichtender Kräfte.

Eine Sternkarte der nördlichen Hemisphäre aus dem 16. Jh. Die relative Position der Sternbilder spiegelt oft Aspekte von Mythen wider. So entspricht der Schlangenträger Äskulap dem Gott der Heilkunde (oben rechts), der den Skorpion, der Orion gestochen hatte, tötete. Am Sternenhimmel steht er mit seinem Fuß auf dem Skorpion, als ob er ihn in den Boden stampfen wollte.

STERNBILDER

Die Sternbilder, die wir am Himmel erkennen, hängen von unserem Blickwinkel im Universum ab. Es gibt unzählig viele Sterne, unterschiedlich weit entfernte Sonnen, die so weit weg sind, dass sie uns als winzige, gleichermaßen weit entfernte Lichtpunkte erscheinen. Die modernen Sternbilder gehen meist auf griechische Interpretationen mesopotamischer und ägyptischer Figuren zurück, aber auch andere Kulturen haben ihre Mythen auf die Sterne projiziert. Dieses Kapitel befasst sich mit den Sagen und Interpretationen der wichtigsten Sternbilder.

Dieser Druck von 1510 zeigt das Sternbild Draco, den Drachen mit dem Großen und Kleinen Bären. Die Griechen setzten Draco mit Ladon, dem Ungeheuer, gleich, das Herakles in seiner elften Aufgabe erschlug.

ORION

Der Jäger Orion, der in Winternächten die nördliche Hemisphäre und im Sommer den Südhimmel beherrscht, gilt als die eindrücklichste aller Konstellationen. Er ist wahrscheinlich mehr als jedes andere Sternbild mit dem menschlichen Betrachter verbunden. Unzählige Kulturen haben diesen Riesen, der über alle menschlichen Belangen hinaus über uns wacht, auf unterschiedliche Weise gedeutet.

Der Orion steht im Südosten des Stiers mit seinem Gürtel aus drei Sternen gegen den Himmelsäquator geneigt. Mintaka (Delta Orionis), „der Gürtel", ein Stern zweiter Größe, liegt fast genau in dieser Bahn. Ein Dolch hängt von diesem Gürtel, seine Spitze wird von Na'ir al Saif (Iota Orionis), der „Helle in dem Schwert" angedeutet. Auf der Ostseite hält Orion eine Keule in der rechten Hand. Seine rechte Schulter wird durch Beteigeuze (Alpha Orionis), einen blassorangen Stern erster Größe, markiert. Die linke

STERNBILDER

Orion, seine Keule in der rechten und ein Löwenfell in der linken Hand. Nordwestlich von ihm liegt der Stier und südwestlich von ihm Sirius im Großen Hund.

Schulter enthält die Kriegerin Bellatrix (Gamma Orionis), einen schwachen Stern zweiter Größe. Das linke Bein wird von Rigel (Beta Orionis), einem bläulich-weißen Stern erster Größe gebildet. Im Westen markiert eine schwache Sternen-kette die Trophäe eines Löwenfells. Die Verlängerung der drei Sterne des Gürtels des Orion formt eine Orientierungshilfe zu anderen Sternen: Im Südosten führt sie zu Sirius im Großen Hund und im Nord-westen zu Aldebaran im Stier.

Wenn Orion untergeht, geht Skorpion auf. Dies spiegelt den griechischen My-thos, dass jener durch einen Skorpion tödlich verwundet wurde, wider. Orion, Sohn des Poseidon, war ein schöner und tapferer Gigant, den Eos (lat. Aurora), die Göttin der Morgenröte, liebte. Nach ihrem Zusammentreffen verblasst Orion langsam im Westen.

Schon die frühesten Zivilisationen ver-ehrten dieses Sternbild, allerdings hinter-ließen uns die Ägypter die klarsten My-then über die Sterne des Orion, der für

155

STERNBILDER

Orion

sie eine Erscheinung ihres Totengottes Osiris darstellte. Aktuelle Forschungen haben gezeigt, dass der Südschacht der Cheopspyramide, der von der Königskammer ins Innere der Pyramide führt, um 2700–2600 v. Chr. am Gürtel des Orion ausgerichtet wurde. Der Nordschacht orientierte sich an der Position des Polarsterns zu jener Zeit, Thuban (Alpha Draconis). Noch faszinierender scheint, dass fünf der Pyramiden von Gizeh aus der vierten Dynastie in ihrem Grundriss die Konstellation des Orion widerspiegeln (siehe S. 290–294).

Osiris war der Sohn des Erdgottes Geb und der Himmelsgöttin Nut. Als erster Herrscher über die Erde nahm er seine Schwester Isis zur Gemahlin. Er lehrte die Menschen die Zivilisation und erbaute die ersten Tempel. Sein neidischer Bruder Seth ermordete ihn jedoch und zerstückelte

Orion aus einem deutschen Kartenspiel von 1719. Die Figur ist umgekehrt dargestellt, als würde sie von außerhalb der Himmelssphäre gesehen.

STERNBILDER

seinen Körper, den er daraufhin verstreute. Isis aber setzte seinen Körper zusammen und belebte ihn mit ihren magischen Kräften so lange, bis er Horus zeugen konnte. Danach stieg Osiris als Herrscher der Toten in die Unterwelt hinab. Horus wuchs indessen unter den Fittichen von Isis zum Rächer und Thronfolger von Osiris heran.

So wurde jeder Pharao im Tode mit Osiris und sein Nachfolger mit Horus assoziiert. Mittlerweile nimmt man an, dass die Cheopspyramide (die vermutlich den urzeitlichen Hügel, auf dem die Sonne geboren wurde, repräsentiert) es dem Pharao erlaubte, in den Himmel aufzusteigen und sich mit Osiris zu vereinigen. Nach seinem Tod wurde der balsamierte Körper des Pharaos am Sternengürtel des Orion ausgerichtet in die Königskammer gelegt.

Die Ägypter setzten Orion mit Osiris, hier auf seinem Thron, gleich. Vor ihm die vier Götter der Kardinal-

GROSSER UND KLEINER HUND

In den griechischen Mythen wäre ein Jäger ohne Hund nicht vorstellbar, Orion bildet dabei keine Ausnahme: Östlich von ihm und südlich des Zwillings sehen wir seine zwei Jagdhunde, Sirius und Prokyon. Sirius (Alpha Canis Majoris, Helligkeit -1,6) ist der hellste Stern an unserem Himmel, der gemeinsam mit einer Sterngruppe zweiter und dritter Größenordnung das Sternbild des Großen Hundes (Canis Major) bildet. Von der nördlichen Hemisphäre aus gesehen scheint es, als säße dieser Hund hinter Orion tief am Himmel und würde ein wachsames Auge auf Lepus, den Hasen, ein kleineres Sternbild zu Orions Füßen, werfen.

Prokyon, ein gelblich-weißer Stern erster Größe steht in etwa auf gleicher Höhe mit Orions Schultern. Neben ihm ist nur ein Stern dritter Größe, Gomeisa, im Sternbild des Kleinen Hundes (Canis Minor) von Bedeutung. Die beiden Hunde formen in der nördlichen Himmelshälfte

> Eine bebilderte Sternkarte zeigt die relative Position von Großem und Kleinem Hund. Wie Sirius ist auch Prokyon ein Doppelstern. Sein Begleitstern, Prokyon B, ist ein Weißer Zwerg, der erstmals 1986 entdeckt wurde.

Großer und Kleiner Hund

mit Orion das „Winterdreieck", eine eindrucksvolle Konstellation aus Sirius, Prokyon und Beteigeuze (Alpha Orionis), die die Milchstraße kreuzt.

Prokyon hat seinen Ursprung im Griechischen und bedeutet wörtlich übersetzt „der Hund, der sich vorher erhebt", da dieser Stern das Erscheinen des strahlenderen Sirius ankündigt.

Das erstmalige Erscheinen von Sirius (Sothis) als Morgenstern, wenn er kurz vor dem Sonnenaufgang auf dem östlichen Himmel aufging, markierte den Anfang des ägyptischen Jahres. Dieses Ereignis kündigte die jährliche Überflutung des Landes durch den Nil an, von der die Fruchtbarkeit des Landes abhing. Schon Mitte des dritten Jahrtausends v. Chr. wurde ein Sothischer Kalender erstellt. Dabei wurde Sirius mit der Göttin Isis gleichgesetzt (siehe S.

Die altägyptische Göttin Isis, Gemahlin des Osiris, wurde dem Sirius zugeordnet. Diese Illustration nach einem Wandfresko im Tempel des Königs Sethos I. in Abydos zeigt sie als Isis-Hathor.

STERNBILDER

156–157), die über erstaunliche magische Kräfte verfügte. So formte sie aus der Erde, die aus dem Speichel des alten Sonnengottes Re entstanden war, eine Schlange, die denselben biss. Re konnte sich die Quelle dieses starken Giftes nicht erklären und suchte bei Isis' Heilkraft Zuflucht. Sie verlangte jedoch von ihm, seinen wahren Namen zu nennen, bevor sie ihn heilte. Damit ging seine Macht auf sie über.

Auch die Bezeichnung von Sirius als Hundsstern geht auf Ägypten zurück. Die volkstümlichen Hundstage beziehen sich auf die heißen Monate im Juli und August, die dem Aufgehen des Sirius folgen. Früher nahm man an, dass die Hitze des Sirius die der Sonne

Großer und Kleiner Hund

Der Narr aus einem Tarotspiel. Es gibt Annahmen, dass dieser den Hund, der Orion auf den Fersen folgt, darstellt (vergleiche die Darstellung auf S. 154).

STERNBILDER

noch verstärkte und dass in den Hundstagen kräftige Pflanzen und Tiere an Stärke gewannen, schwache Wesen hingegen starben.

In China galt Sirius als Thien Lang, der *himmlische Wolf*, welcher, wenn er hell schien, ein schlechtes Vorzeichen war und Überfälle ankündigte.

In den 1940er Jahren entdeckte man, dass der westafrikanische Stamm der Dogon in Mali die 50-jährige Umlaufzeit des Po, des Begleitsterns des Sirius, verwendete, um rituelle Perioden zu errechnen. Dabei hatten Astronomen erst 1862 herausgefunden, dass Sirius ein Doppelstern ist, den der kleine Sirius B (Helligkeit 8,5) alle 50 Jahre umkreist. Wie die Dogon dies ohne jegliche astronomische Ausrüstung wissen konnten, bleibt nach wie vor ein Rätsel.

Großer und Kleiner Hund

STERNBILDER

ZWILLINGE UND AURIGA

In der nördlichen Hemisphäre steht im Januar um Mitternacht das Sternzeichen der Zwillinge am höchsten. Es wird von zwei Sternen erster Größe, Kastor und Pollux (Alpha and Beta Geminorum), gebildet. Der nördlicher gelegene Kastor ist weiß, Pollux schimmert orange. Das Sternbild liegt nördlich von Prokyon (Alpha Canis Minoris) und nordöstlich von Orion. Der Stern Alhena (Gamma Geminorum), der zwischen Al Nath (Beta Thauri) und Prokyon liegt, deutet die Füße der Zwillinge an.

In der griechischen Mythologie sind Kastor und Polydeukes (lat. Pollux) als Dioskuren, als Zeussöhne, bekannt. Es heißt, Zeus hätte Pollux in der

Zwillinge und Auriga

Eine türkische Darstellung des Sternzeichens der Zwillinge aus dem 16. Jh. Da dieses unter dem Einfluss von Merkur steht, wird es mit Schriftgelehrten assoziiert.

STERNBILDER

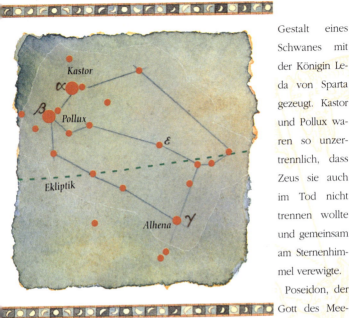

Eine Sternkarte der Zwillinge. Johann Bayer löste 1601 Verwirrung aus, als er bei der Zuordnung griechischer Buchstaben den helleren Stern Pollux mit Beta bezeichnete.

Gestalt eines Schwanes mit der Königin Leda von Sparta gezeugt. Kastor und Pollux waren so unzertrennlich, dass Zeus sie auch im Tod nicht trennen wollte und gemeinsam am Sternenhimmel verewigte.

Poseidon, der Gott des Meeres, hatte ihnen die Macht verliehen, Schiffbrüchigen zu helfen. In der südlichen Hemisphäre sind sie hoch über dem Mast von Argo, dem Schiff, mit dem Jason sich auf die Suche nach dem Goldenen Vlies (siehe S. 222–224) macht, zu erblicken.

Das Zwillingsthema zieht sich in unterschiedlichen Formen durch die

164

STERNBILDER

Kulturen. Die Römer verbanden das Sternbild mit Romulus und Remus, den Nachkommen von Äneas und legendären
Gründern Roms (753 v. Chr). Im Schöpfungsmythos der Maya waren diese ein
Paar kopulierender Nabelschweine. In der
phönizischen und chaldäischen Kultur
galten sie als zwei Kinder, die einem
Schäfer folgten – Auriga, der westlich der
Zwillinge und nördlich von Orion liegt.
Die Araber sahen in ihnen Pfaue, eine
Interpretation, die sich bis ins mittelalterliche Europa hielt.

Auriga, der Fuhrmann, führt zwei Kinder an der Hand und hält eine Ziege in
seinem linken Arm, die vom weißen Stern
Capella, *dem Zicklein* (Alpha Aurigae,
Helligkeit 0,2), repräsentiert wird. Der
rechte Fuß des Fuhrmanns steht im Sternbild des Stieres und zeigt sich in dessen
Hornspitze, Al Nath (Beta Tauri), die nur
knapp über der Ekliptik liegt. Über eine
Sternspirale geht es weiter über Theta
Aurigae zu Menkalinam (Beta Aurigae),
einem Stern zweiter Größe, nahe der

Zwillinge und Auriga

Schulter und weiter zu Capella. Dort windet sich die Spirale durch Epsilon Aurigae und bildet die Kinder – Hoedi, zwei kleinere Sterne (Ny und Zeta Aurigae). Diese Figur wurde schon seit frühesten Aufzeichnungen am Euphrat derart interpretiert.

Die Griechen sahen in Capella die Geiß-Nymphe Amalthea, die Zeus als Kind säugte. Zum Dank verwandelte dieser eines ihrer Hörner in ein Füllhorn, das immer von Speisen und Trank überquillt.

Seltsamerweise besitzt der Fuhrmann keinen Wagen. Das erklärt sich daraus, dass die griechischen Mythen in ihm Myrtilos, den Diener des Königs Oinomaos, sehen. Myrtilos half König Pelops, die Hand von Oinomaos' Tochter Hippodameia zu gewinnen. Als Dank hatte ihm Pelops eine Nacht mit seiner Braut versprochen, aber als Myrtilos diesen Preis während einer Wagenfahrt in der Hochzeitsnacht einforderte, stürzte ihn Pelops vom Wagen ins Meer.

Auriga, der Fuhrmann, mit der Ziege im linken Arm, die vom Alphastern Capella angedeutet wird, und den Kindern an seiner linken Hand (Hoedi: Ny und Zeta Aurigae). Sein Fuß wird durch Al Nath (Beta Tauri) gebildet. Rechts von ihm das Sternbild Perseus.

STERNBILDER

STERNBILDER

DER SÜDHIMMEL

Der Südhimmel

Bei den Griechen beherrschte das Sternbild Argo einen großen Teil des südlichen Firmaments. Dieses ist nun dreigeteilt in Carina (den Kiel), Puppis (das Achterschiff) und Vela (das Segel). Nur die Flagge am Heck schimmert schwach in Januarnächten am Nordhimmel unter Prokyon. Im Süden allerdings ist Argo eine bedeutende Figur. Man erkennt den Kiel an dem leuchtend weißen Stern erster Größe Canopus (Alpha Carinae) südlich des Sirius.

Argo war in der griechischen Mythologie das Schiff, mit dem Jason und die Argonauten zum Goldenen Vlies segelten (siehe S. 222–224). Im alten Ägypten und Mesopotamien gab es Sagen über ein Himmelsschiff. Der griechische Historiker Plutarch verstand darunter das Toten-

> Die drei Sternbilder aus Argo Navis (dem Schiff Argo): das Segel Vela, das Achterschiff Puppis und der Kiel Carina. Hinten sieht man Canopus am Ruder.

Der Südhimmel

schiff unter Osiris' Kommando. Spätere christliche Interpretationen sahen in Argo die Arche Noah.

Laut mancher Aufzeichnungen erhält Canopus seinen Namen vom Steuermann des Königs Menelaos von Sparta. Im Arabischen steht sein Name, Suhail, für Weisheit. In China wurde er von Alchemisten als „Alter Mann" verehrt.

Ein weiteres bedeutendes Sternbild der südlichen Hemisphäre ist Centaurus, der Kentaur, der im April um Mitternacht am höchsten steht. Alpha Centauri, auch Toliman („Weinranke") oder Rigel („Fuß des Kentauren") ist unserer Sonne mit 4,5 Lichtjahren am nächsten. Da Toliman und der Beta-Stern Agena nur 9° voneinander entfernt sind, gelten diese als Paar. Nach dem Gelehrten R. H. Allen waren diese in den Mythen der Aborigines „Zwei Brüder" und in Südafrika „Zwei Löwen-

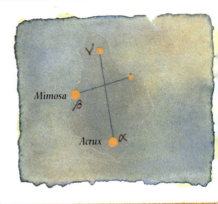

Eine Sternkarte des Kreuz des Südens, dessen längere Achse zum Himmelssüdpol weist. Es liegt in einem dichten Abschnitt der Milchstraße.

170

STERNBILDER

Eine alte Sternkarte zeigt den Kentaur, der die kleine Konstellation Bestia oder Lupus, den Wolf, in seiner rechten Hand hält. Diese werden öfters gemeinsam dargestellt.

männer". Die Deutung als Kentaur geht auf die griechische Antike zurück. Gemäß einer Sage verwundete Herakles unabsichtlich den friedfertigen Kentauren Chiron, der von Apoll in die Künste der Musik, Medizin, Astrologie und Wahrsagerei eingeweiht worden war und dem sogar der Aufbau der Sternbilder zugeschrieben wird.

Crux, das Kreuz des Südens, bildete früher den Bauch des Kentauren. Mittlerweile ist es eine eigene kompakte Formation mit vier Hauptsternen. Seine vertikale Achse weist in ihrer Verlängerung genau zum Himmelssüdpol. Die Konstellation liegt derzeit mit 4° in der Milchstraße. Zur Zeit Christi war es von Jerusalem aus noch schwach sichtbar, aber es verließ seit damals den Nordhimmel und ließ diesen, um Dante zu zitieren, „verhungert und verwitwet" zurück.

Der Südhimmel

KREBS

Das Tierkreiszeichen Krebs ist eine eher unscheinbare Konstellation östlich der Zwillinge. Um das Sternbild zu finden, orientiert man sich an Kastor, dem nördlicheren der Zwillinge, und man stellt sich ein gleichschenkliges Dreieck vor, dessen Hypothenuse zu Prokyon führt – die Spitze des Dreiecks fällt auf den Südlichen Asellus (Delta Cancri), einen Stern vierter Größe, der im Zentrum des Krebses auf der Ekliptik liegt. Sein blasserer Gefährte, der Nördliche Asellus (Gamma Cancri) liegt 4° nördlich. Dazwischen befindet sich das Charakteristikum des Krebses, der Sternhaufen Praesepe, der mit bloßem Auge nur als Nebelfleck erscheint, aber mehr als 500 Sterne umfasst, die mit einem guten Fernglas ausgemacht werden können. Südlich davon markieren zwei Sterne die Beine des Krebses: Acubens und westlich davon Al Tarf (Alpha und Beta Cancri).

STERNBILDER

Krebs

Praesepe bedeutet „Bienenschwarm" und scheint daher passend für einen Sternhaufen, wurde aber auch als Krippe, die von Eseln umgeben ist, interpretiert, was auch die wörtliche Bedeutung von Aselli ist.

Die griechische Sage um den Krebs ist so farblos wie die Konstellation selbst. Er wurde zermalmt, als er Herakles während seines Kampf gegen die Hydra, einem Ungeheuer mit Hundekörper und acht oder neun Schlangenköpfen, in die Zehe zwicken wollte. Das Sternbild der Hydra liegt genau unter dem Krebs.

Im alten Mesopotamien spielte der Krebs dagegen eine wichtige Rolle. Er galt als das

Diese Himmelskarte aus dem 18. Jh. zeigt den Krebs und umliegende Sternbilder (im Uhrzeigersinn von links unten): Hydra, Großer Bär, Löwe, Luchs, Zwillinge, Pegasus und Kleiner Hund.

STERNBILDER

Krebs

Tor, durch das die Seelen von den Sternen zu ihrer Geburt als Menschen reisen.

Das Tierkreiszeichen Krebs hat mehr Bedeutung als sein gleichnamiges Sternbild, da der Eintritt der Sonne in das Zeichen in der nördlichen Hemisphäre die Sommersonnenwende markiert, an der die Sonne ihren Höchststand am Horizont erreicht und „stillsteht". Dieser Schlüsselmoment im Sonnenkalender wird durch Peillinien an vielen steinzeitlichen Monumenten, wie zum Beispiel Stonehenge, verzeichnet (siehe S. 245–255). Vom Blickwinkel der Erde aus ist die nördlichste Breite, die die Mittagssonne zur Sommersonnenwende erreicht, der Wendekreis des Krebses. Das Wort „Wende" weist auf tief greifende Veränderungen hin, sei es im Kalender oder auch im Schicksal der Menschen.

Zosma δ
β
Denebola

EKLIPTIK

STERNBILDER

LÖWE

Eine Sternkarte des Löwen. Krebs und Jungfrau flankieren die Figur. Die Sichel zieht sich von Regulus (Alpha Leonis, nah der Ekliptik) zu Eta Leonis.

Das markante Tierkreiszeichen des Löwen beherrscht im Frühling den Nordhimmel und im Herbst das südliche Firmament. Der westwärts gerichtete Löwe ist leicht zu finden, da er die erste auffällige Sternengruppe östlich von den Zwillingen und Prokyon im Kleinen Hund formt. Lassen wir unseren Blick über den unauffälligen Krebs schweifen, so trifft er

Löwe

schließlich auf Regulus, den Stern erster Größe im Herzen des Löwen, der genau auf der Ekliptik liegt (Alpha Leonis, weiß und ultramarinblau).

Eine eigene Sternengruppe, die als Sichel bekannt ist, bildet den Kopf des Löwen, der aus den Sternen Algieba oder „Löwenmähne", Ahafera (Zeta Leonis) sowie Eta und Kappa Leonis besteht, die uns zu seiner Nase führen. Regulus, der „Kleine König", der jetzt im Zentrum steht, war früher Teil der Sichel. Westlich der Mähne formt Zosma (Delta Leonis) den Rücken und die Flanken des Löwen, Denebola (Beta Leonis), ein blauer Stern zweiter Größe, bildet den „Schwanz des Löwen".

Der Löwe hat eine herausragende Position und wurde seit frühesten Zeiten und in allen Kulturen, die auf mesopotamische und ägyptische Zivilisationen zurückgehen, ähnlich interpretiert. Dieser Einfluss umfasst die jüdische, griechische, römische, indische, persische und arabische Kultur und in der Folge auch die

europäische Astrologie und Mythologie. Verschiedene Aspekte haben zum Status des Löwen als „König der Sternzeichen und Sternzeichen der Könige" beigetragen. Einer davon ist sicher die Verbindung zur Sonne. Vor etwa fünf Jahrtausenden, als die Zivilisationen Mesopotamiens und Ägyptens sesshaft wurden, fiel der Höchststand der Sonne zu Mittag im Löwen mit der Sommersonnenwende zusammen. Der Löwe stand folglich für den Hochsommer, das Reich der Sonne. In seiner *Naturgeschichte* berichtet Plinius d. Ä. im ersten Jahrhundert n. Chr., dass die Ägypter den Löwen verehrten, weil die Sonne zur Zeit der Nilschwemme in diesem Zeichen stand. Wir haben zuvor die enge Beziehung im ägyptischen Kalender zwischen Sirius (Sothis) und der Sonne erklärt. Wenn Sirius Mitte Juli vor der Sonne aufging, kündigte dies die Überflutung des Nils an (siehe S. 160). Oft waren die Schleusen der Kanäle, die das Niltal durchzogen, mit Löwenköpfen dekoriert. Dies mag der Ursprung dieses

oftmals in der griechischen und römischen Architektur vorkommenden Motivs sein. Man weiß zwar nicht, warum der Löwe gewählt wurde, aber es gibt kaum ein edleres Tier, und er setzte sich in der Beziehung zwischen Sonne und Löwen offenbar durch.

Regulus, der manchmal Cor Leonis, „Löwenherz", genannt wird, vereint in sich alle Assoziationen mit diesem Sternbild.

Diese gehen jedoch vermutlich auf spätere Kulturen als die ägyptische zurück, da der Löwe zuvor eine kleinere Konstellation war, denn die Sichel galt zunächst als eigene Sternformation. Es scheint, als hätte die mesopotamische Astrologie Regulus als einen der vier „Königssterne", die als Schützer himmlischer Belange galten, eingesetzt. Alle vier sind Sterne erster Größe und liegen nahe bei oder direkt auf der Ekliptik. Sie bilden ein ausgedehntes Kreuz. Die eine Linie des Kreuzes erstreckt sich von Regulus im Löwen bis zu Fomalhaut im Sternbild des

Wassermanns, die andere wird durch Aldebaran im Stier und Antares im Skorpion markiert. Am Anfang der Mythenbildung über die Sterne galten diese als Hüter des Himmels, und deren Sternbilder markierten die Stationen des Sonnenjahres: die Tagundnachtgleichen und die Sonnenwenden.

Griechischen Überlieferungen zufolge stellte das Sternbild den Nemeischen Löwen dar, den Herakles in der ersten seiner zwölf Aufgaben häutete. Der Löwe war ein schreckliches Ungeheuer, das die Mondgöttin Selene geschaffen hatte. Sein undurchdringliches Fell ließ jede Art von Waffe, sei sie aus Stein oder Metall, abprallen. Daher musste Herakles mit ihm ringen, und obwohl er einen Finger verlor, erwürgte er den Löwen. Er zog diesem mithilfe dessen eigener scharfen Krallen das magische Fell ab und trug dieses fortan als unverwundbaren Mantel.

Nordöstlich von Denebola, dem „Schwanz des Löwen", liegt die Hauptgruppe der Konstellation, der Sternnebel

STERNBILDER

Eine Buchillustration der Leoniden von 1870, wie sie von zwei französischen Ballonfahrern, Giffard und Fonvielle, bei ihrem Flug mit ihrem Ballon L'Hirondelle gesichtet wurden.

Coma Berenices oder „das Haar der Berenike". Nach einem Mythos opferte die Königin Berenike ihr Haar den Göttern, damit ihr Gemahl glücklich von einem Kriegszug heimkehre. Diese Formation markiert den Nordpol unserer Galaxie, die Achse, um die unser gesamtes Sternensystem etwa alle 225 Millionen Jahre läuft.

Jedes Jahr ist am frühen Morgen um den 16. November am Nordhimmel ein eindrucksvoller Meteorstrom zu sehen, der seinen Ursprung im Löwen, westlich von Adafera, zu haben scheint. Daher nennt man ihn Leoniden-Strom. Das Phänomen scheint auf einen zerfallenden Kometen zurückzugehen, den die Erde passiert. In der Wissenschaft werden die Leoniden als „Boliden" oder glühende Meteoriten beschrieben, die zischend das All durchfliegen. Boliden wurden oft als fliegende Drachen dargestellt. In China und der mediterranen Klassik galten sie als Himmelsboten.

180

JUNGFRAU

Die Jungfrau ist ein
sehr altes Tier-
kreiszeichen und
ist in ihrer Aus-
dehnung das zweitgrößte
Sternbild. Trotz ihres großen,
strahlend weißen Sterns Spica (Alpha
Virginis, Helligkeit 1,2) südlich der
Ekliptik, ist sie nicht leicht erkennbar. Am
besten kann man sie in Beziehung zu den
umliegenden Sternbildern ausmachen.
Folgen wir zum Beispiel der
leichten Kurve der Deichsel des
Großen Wagens südöstlich zu
Arcturus (Alpha Bootis) und
dann der Kurve die gleiche Distanz leicht westwärts, so kommen
wir zu Spica, dem einzigen hellen
Stern in dieser Himmelszone.

Die Jungfrau wird oft auf der Ekliptik
liegend mit Flügeln dargestellt. Rechts hält
sie einen Palmwedel und in der linken
Hand eine Getreideähre: Spica.

STERNBILDER

Jungfrau

Denn schon in Mesopotamien und Ägypten wurde die Jungfrau als weibliche Figur mit Fruchtbarkeit assoziiert. In Babylonien war sie Ischtar, die Königin der Sterne. Im achten Jahrhundert verband der Theologe Beda fälschlicherweise Astarte, die mit Ischtar in Bezug steht, mit Eostre, einer alten angelsächsischen Frühlingsgöttin, von deren Namen sich „Ostern" ableitet, was wiederum mit „Osten" zusammenhängt.

Frühe griechische Autoren setzen die Jungfrau mit der ägyptischen Göttin Isis gleich, allerdings gilt sie sonst in den griechischen Mythen als Persephone, die Tochter der Getreide- und Fruchtbarkeitsgöttin Demeter. Der Bezug der Fruchtbarkeit wird im Mythos von Persephones Entführung deutlich. Zeus' Bruder Hades, der Gott der Unterwelt, erblickte Persephone auf einem seiner seltenen Ausflüge in die Oberwelt, verliebte sich in sie und entführte sie als Braut in die Unterwelt. Demeter suchte tagelang verzweifelt nach ihrer Tochter,

182

STERNBILDER

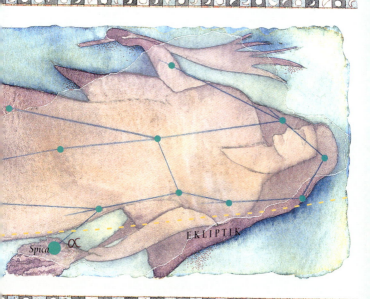

bis sie wütend schwor, der Erde ihre Fruchtbarkeit zu entziehen und sie brach liegen zu lassen, wenn ihr die Götter nicht ihre Tochter zurückgäben. Zeus verlangte von Hades die Freilassung Persephones, so sie nicht schon von den Früchten der Unterwelt gegessen hätte. Allerdings hatte Persephone schon eini-

Eine Illustration des Sternbildes Jungfrau: in der rechten Hand der Palmwedel, in der linken die Ähren, die der Stern Spica (Alpha Virginis) markiert.

STERNBILDER

Jungfrau

ge Granatapfelsamen zu sich genommen. Zeus hatte trotzdem Mitleid mit Mutter und Tochter und bestimmte, dass Persephone die Hälfte des Jahres (Frühling und Sommer) auf der Erde verbringen sollte und die andere Hälfte (Herbst und Winter) mit Hades in der Unterwelt. Sobald Persephone im Frühling zu ihrer Mutter zurückkehrt, beginnt auch wieder das fruchtbare Wachsen auf der Erde.

In einer zweiten Darstellung klassischer Autoren gilt die Jungfrau als Astraia, die „Sternenjungfrau", Tochter von Zeus und Themis und Göttin der Gerechtigkeit. Astraia lebte im Goldenen Zeitalter auf der Erde und beschwor die Menschen, gerecht miteinander umzugehen. Als aber die Menschheit in der Silber- und Bronzezeit immer streitsüchtiger wurde, zog sie sich in den Himmel zurück, wo sie nun als Sternbild gesehen werden kann. Ihre Schalen der Gerechtigkeit finden sich im Sternbild der Waage. In Europa wurde die Jung-

STERNBILDER

frau seit frühchristlichen Zeiten als Jungfrau Maria gesehen. Spica, der hellste Stern, steht dabei für den Heiland. Die Inder sahen darin Kanya, die Mutter des Gottes Krishna, vor einem Feuer sitzend dargestellt.

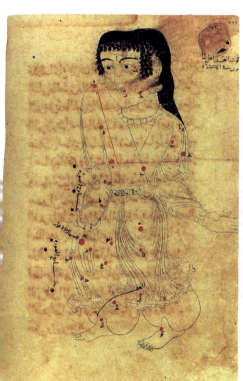

Die Jungfrau aus dem *Buch der Fixsterne* des arabischen Astronomen Al-Sufi (10. Jh.), der stark von Ptolemäus geprägt war. Sie wird von einem Blickwinkel außerhalb des Universums dargestellt. In klassischen Darstellungen hat die Figur normalerweise Flügel.

Jungfrau

BOOTES UND NÖRDLICHE KRONE

Bootes steht im Frühling und Frühsommer hoch am nördlichen Firmament. Sein markanter, goldgelber Hauptstern Arcturus (Alpha Bootis, Helligkeit 0,2) ist leicht in der Verlängerung der Deichsel des Großen Wagens (auch Pflug) bzw. des Schwanzes des Großen Bären zu finden.

Arcturus markiert das Knie der Figur des Bootes, der als Jäger oder Viehtreiber dargestellt wird, dessen Kopf im Norden und dessen Füße nahe der Jungfrau liegen. Manchmal wird er mit einem Paar Hunde an der Leine dargestellt, die westlich von ihm durch das Sternbild der Canes Venatici („Jagdhunde") gebildet werden.

Seit Homers Zeiten (etwa 8. Jh. v. Chr.) wird Bootes als Ochsentreiber bezeichnet, der Name seines Hauptsterns Arcturus stammt jedoch vom griechischen Wort für „Bärenhüter". Dieses spiegelt eine andere

Interpretation wider, der zufolge Bootes fortwährend den Großen und Kleinen Bären um den Pol treibt. Genauso wird er auch Fuhrmann oder Pflüger, der den Großen Wagen (auch Pflug) zieht, genannt.

Ein weiterer Mythos sieht in Bootes Ikarios, den Dionysos (der römische Bacchus) die Geheimnisse des Weinbaus lehrte. Ikarios bot darauf einigen Hirten Wein an, die dessen berauschende Wirkung als Vergiftung auslegten und Ikarios töteten. Seine treuen Hunde (Canes Venatici oder Prokyon im Kleinen Hund) führten seine Tocher Erigone zu seinem Leichnam, worauf sie sich aus Trauer erhängte. Daraufhin sollen Ikarios und Erigone als Bootes und Jungfrau zur Erinnerung an diese Tragödie an den Himmel gesetzt worden sein (siehe S. 188–189).

Das Sternbild Bootes aus dem *Buch der Fixsterne* von Al-Sufi. Wie die Illustration auf S. 185 wird diese von einem Blickpunkt außerhalb der Himmelssphäre dargestellt.

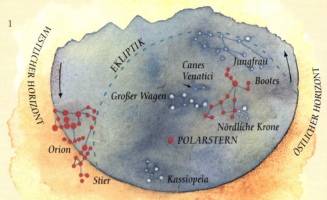

Die Sage von Ikarios (Bootes) enthüllt sich, wenn man die Sternbilder über zwei Nächte am Nordhimmel beobachtet.

1. Bootes steht am höchsten, wenn Orion und der Stier untergehen. Der Stier ist Dionysos geweiht und symbolisiert den Gott, der scheidet, nachdem er Ikarios sein Wissen gelehrt hat. Orion steht für die Schäfer, die trunken einschlafen.

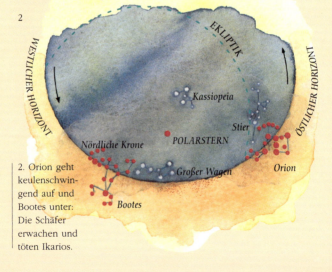

2. Orion geht keulenschwingend auf und Bootes unter: Die Schäfer erwachen und töten Ikarios.

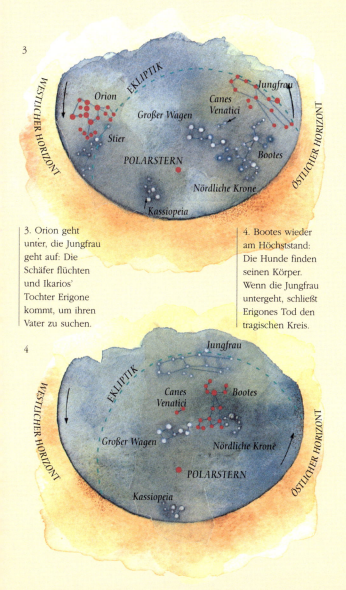

3. Orion geht unter, die Jungfrau geht auf: Die Schäfer flüchten und Ikarios' Tochter Erigone kommt, um ihren Vater zu suchen.

4. Bootes wieder am Höchststand: Die Hunde finden seinen Körper. Wenn die Jungfrau untergeht, schließt Erigones Tod den tragischen Kreis.

Am Fuß von Bootes liegt das kleine, aber wunderschöne Sternbild Corona Borealis („Nördliche Krone").

Griechischen Sagen zufolge gehört die Krone der kretischen Prinzessin Ariadne, die Theseus ein Garnknäuel gab, damit er seinen Weg aus dem Labyrinth des von ihm getöteten Minotauros finden konnte. Ariadne verließ mit Theseus Kreta, aber er ließ sie auf der Insel Naxos zurück. Dionysos versöhnte und verheiratete sie. Er hängte ihre Krone an den Himmel, wo sie als Nördliche Krone zu sehen ist.

STERNBILDER

SKORPION, SCHLANGEN-
TRÄGER UND WAAGE

Am Sternenhimmel über den Mittel-
meerländern ist der markante Haken des
Skorpionstachels noch deutlich zu sehen.
Dieser gehört zum achten Zeichen des
Tierkreises, dem Skorpion, der im südlichen Teil der Erdbahn liegt. Ab 47°
nördlicher Breite ist der Schwanz nur
mehr zum Teil sichtbar, bei 52° verschwindet er gänzlich; am Südhimmel
aber kann das gesamte Sternbild be-
wundert werden. Im Zentrum des
Skorpions liegt, nur 5° von der Ekliptik
entfernt, der rötliche Antares, der hellste
Stern dieser Himmelsregion. Westlich von
Antares bildet ein Fächer von drei Sternen
die Zangen des Skorpions, zu denen im
Altertum auch die blassen Sterne, die nun
die Schalen der Waage bilden, zählten.
Den Skorpion findet man, indem man
den Pfeil des Schützen westlich verlängert, der direkt auf den 20° entfernten
Antares weist.

Skorpion, Schlangenträger und Waage

STERNBILDER

Eine Sternkarte, die die relative Position der Sternbilder Skorpion, Schlangenträger und Waage zeigt. Der hellste Stern der Gruppe ist Antares (Alpha Scorpionis).

Zur Zeit der Mesopotamier vor etwa 5 000 Jahren trat die Sonne zur Tagundnachtgleiche im Herbst in den Skorpion. Daher war Antares einer der vier Königssterne, die Tagundnachtgleichen und Sonnenwenden markieren (siehe S. 178–179).

Mit dem Skorpion sind oft bösartige, gar „todbringende" Mythen verbunden. Vielleicht liegt dies an der roten Färbung von Antares, was wörtlich „Gegner des Ares" heißt. Diese Verbindung wird durch die Symbolik des roten Planeten Mars (das römische Äquivalent zu Ares) verstärkt, der in der Astrologie als Planet des Kampfes gilt und den Skorpion beherrscht.

In den griechische Mythen gehören der Skorpion, der Jäger Orion und der heilende Schlangenträger Äskulap zusammen. Einst prahlte Orion damit, dass er alle wilden Tiere töten könne. Die Erdmutter Gaia bestrafte ihn für seinen Hochmut, indem sie ihm einen Skorpion schickte, der ihn in den Ferse stach. Dies zeigt auch der Lauf der Sternbilder. Geht Skorpion

Skorpion, Schlangenträger und Waage

193

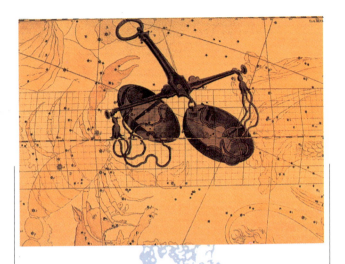

Eine Sternkarte der Konstellation Waage aus dem 18. Jh.

am östlichen Horizont auf, geht Orion sterbend im Westen unter. Äskulap aber heilte Orion und zertrat den Skorpion, daher geht Orion wieder im Osten auf, während Äskulap den Skorpion im Westen in den Boden stampft.

Die griechische Sagenwelt kennt zwar keinen Gott oder Helden, der den Namen Schlangenträger (Ophiuchus) trägt, dieser wird aber allgemein mit dem Heiler Äskulap, dem Sohn des Apoll, assoziiert, der wie Hermes (lat. Merkur) das Symbol zweier um einen Stab gewundener Schlangen trägt, das der Heilkunst zugeordnet ist. Der Schlangenträger steht über dem Skorpion mit seinem Kopf im Norden genau unter dem umgekehrten Herkules, sodass sich deren Köpfe fast berühren. In seinen Händen hält er die Schlange, die einst ein eigenes Sternbild war, nun aber durch ihn in Kopf (Serpens Caput) und Schwanz (Serpens Cauda) geteilt wird. Die Gruppe enthält keinen hellen Stern. Ras Alhabue, arabisch „Haupt des Schlangenbeschwörers", ein Stern zweiter Größe, bildet ihren Hauptstern.

Östlich des Schlangenträgers liegt das kleine und wenig markante Sternbild der Waage. Sie liegt auf der Ekliptik ungefähr in der Mitte zwischen Spica in der Jungfrau und Antares im Skorpion. Im Zentrum davon liegt fast genau auf der Erdbahn Zuben Algenubi (Beta Librae) als Angelpunkt der Waage, rund 8° nordöstlich davon der etwas hellere Zuben Elschemali.

Kopf der Gorgo Medusa: ein Dachornament am Apolltempel in Delphi. Nachdem Perseus der Medusa den Kopf abgehackt hatte, gab Athene dem Schlangenträger Äskulap zwei Phiolen vom Blut der Wunde. Mit dem Blut der linken Seite erweckte Äskulap Tote, mit dem Blut der rechten Seite konnte er schlagartig töten.

Skorpion, Schlangenträger und Waage

DIE HERKULES-GRUPPE

Herkules ist ein großes und eher unscheinbares Sternbild, da kaum einer seiner seiner Sterne die dritte Größenklasse der Helligkeit überschreitet, das in mittsommerlichen Nächten hoch am Himmel steht. Vom Blickwinkel der nördlichen Hemisphäre aus liegt die Figur verkehrt, ihre Füße weisen zum Nordpol. Sie befindet sich westlich des Sterns Wega (Alpha Lyrae) über dem Schlangenträger. Der hellste Stern, Ras Algethi ("Der Kopf des Knienden"), liegt nur ein paar Grad nordwestlich des helleren Ras Alhague im Kopf des Schlangenträgers und bildet Herkules' Haupt. Herkules kniet mit einem Fuß auf dem Kopf des Drachens, der sich um den Nördlichen Himmelspol windet.

Die eher unbedeutende Erscheinung des Sternbilds Herakles (lat. Herkules) scheint dem berühmtesten griechischen Helden nicht ganz gerecht zu werden. Die meisten griechischen Autoren kannten

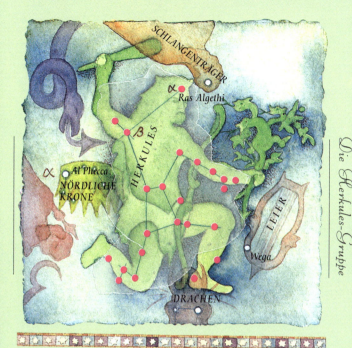

Die Herkules-Gruppe

den Ursprung der Figur des „Knienden" nicht. Herakles ist eng mit dem babylonischen Helden Gilgamesch verbunden. Neben einigen anderen Parallelen besiegen beide einen Löwen, einen göttlichen Stier und einen Drachen. Ab dem fünften Jahrhundert v. Chr. gibt es eine

Eine Sternkarte von Herkules und den umliegenden Sternbildern. Er ringt mit Hydra, einem Ungeheuer, das er in einer seiner zwölf Aufgaben tötete.

mesopotamische Beschreibung eines Helden, der später mit Gilgamesch identifiziert wurde, der mit einem Fuß auf einem Drachenkopf kniet. Dieser stellt offenbar den Prototyp des griechischen „Knienden" dar.

Die Römer schließlich verbanden das Sternbild mit Herkules. Die Quellen variieren im Detail, prinzipiell jedoch wurden dem Helden, der im Wahn seine Kinder ermordet hatte, als Strafe zwölf schier unerfüllbare Aufgaben auferlegt. Am Nachthimmel erscheint er in seinem Mantel aus dem unverwundbaren Fell des Nemeischen Löwen (der mit dem Sternbild des Löwen assoziiert wird), den er in seiner ersten Aufgabe tötete.

Eine Aufgabe bestand darin, die Ställe von König Augias in einem Tag auszumisten. Letzterer besaß 3 000 Ochsen, deren Stallungen über 30 Jahre nicht gereinigt worden waren. Herkules löste diese unwürdige Aufgabe, indem er zwei Flüsse durch die Ställe leitete. Der römische Schriftsteller Servius (um 300

STERNBILDER

v. Chr.) weist auf die Tradition hin, die zwölf Aufgaben des Herkules mit den zwölf Tierkreiszeichen gleichzusetzen, die der Held als Sonnengott über das Jahr hinweg durchwandert. Diese Interpretation weist gravierende Mängel auf: Frühe Mythen sprechen von weniger als zwölf Aufgaben, und die Zuordnung der Aufgaben zu den Sternzeichen folgt nicht der Ordnung des Tierkreises.

Östlich von Herkules liegt auf der Milchstraße eine Gruppe relativ kleiner Konstellationen, von denen drei (Leier, Adler und Schwan) durch ihre hellen Sterne besonders hervorstechen. Die nahe bei Herkules gelegene Leier fällt besonders durch ihren saphirfarbenen Hauptstern Wega (Helligkeit 0,14) auf, der der vierthellste am

Ein babylonisches Relief aus dem 8. Jh. v. Chr. von Gilgamesch, der später mit Herakles assoziiert wurde.

Die Herkules-Gruppe

199

STERNBILDER

Die Herkules-Gruppe

ganzen Sternenhimmel ist. Die Griechen nannten sie Chelys, den Schildkrötenpanzer, aus dem Hermes Orpheus' bezaubernde Leier machte.

Südöstlich von Wega über der Milchstraße befindet sich Altair, ein weiterer strahlend gelber Stern (Helligkeit 0,9) im Sternbild des Adlers. Dieser majestätische Vogel diente Zeus ergeben. Seine letzte Aufgabe war es, Prometheus dafür zu bestrafen, den Göttern das Feuer gestohlen zu haben. Prometheus wurde an einen Felsen gekettet, und jeden Tag kam der Adler, um seine Leber zu fressen, die jede Nacht nachwuchs. Herakles erlegte schließlich den Adler, der dann von Zeus zu den Sternen erhoben wurde.

STERNBILDER

SCHÜTZE UND STEINBOCK

In der nördlichen Hemisphäre stellt der südlich des Äquators gelegene Schütze kein gut sichtbares Sternbild dar. Nur in mittleren Breitengraden kann er in hellen Sommernächten von Juni bis Anfang August am Horizont teilweise wahrgenommen werden. In südlichen Breiten ist er in diesen Monaten allerdings hoch am Himmel deutlich sichtbar.

Das neunte Tierkreiszeichen, der Schütze, wird als Kentaur – halb Mensch, halb Pferd – dargestellt. Er ist mit Pfeil und Bogen bewaffnet, die den westlichen Teil der Figur bilden, die weit in die Milchstraße reicht. Den Bogen markieren drei Sterne, Kaus

Das Sternbild Schütze mit seinen wichtigsten Sternen und insbesondere seiner Pfeilformation, die auf den Antares im Skorpion zielt.

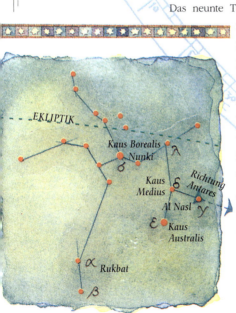

201

Das Tierkreiszeichen Steinbock als amphibisch anmutendes Wesen mit Ziegenkopf und Fischschwanz auf einem englischen Psalter von zirka 1170.

Borealis, Kaus Medius und, der hellste davon, Kaus Australis (bzw. Lambda, Delta und Epsilon Sagittarii). Die Hand des Schützen, die den Pfeil hält, formt der Stern zweiter Größe Nunki (Sigma Sagittarii). Der Pfeil selbst erstreckt sich von Kaus Medius zu Al Nasl (Gamma Sagittarii), der seine Spitze andeutet. Der Pfeil scheint auf Antares im Skorpion gerichtet, der etwa 20° westlich am anderen Rand der Milchstraße liegt.

Die Darstellung des Schützen als Kentaur hat historisch zu Verwechslungen mit dem südlichen Sternbild des Kentauren geführt. Tatsächlich handelt es sich um äußerst unterschiedliche Persönlichkeiten. Ungleich dem sanften Kentauren im Süden, ist der Schütze kriegerisch. Er lässt sich auf den mesopotamischen Gott der Schützen Nergal zurückleiten, der den Planeten Mars regiert. Die Griechen aber verbanden ihn mit dem weisen Kentauren Cheiron. Laut einer Sage ließ Artemis Orion von einem Skorpion, der ihn in die Ferse stach, töten. Cheiron durchbohrte den Skorpion daraufhin mit einem Pfeil, was am Himmel durch den auf Antares, das Herz des Skorpions, zielenden Kentauren deutlich wird. Diese Sage überschneidet sich mit jener, in der Äskulap den Skorpion zertritt (Schlangenträger, S. 193–195).

Das zehnte Tierkreiszeichen, der Steinbock, ist am Nordhimmel schwer zu sehen, da er weit südlich des Äquators liegt und keine hellen Sterne enthält. Am besten kann man ihn auf seinem Höchststand um Mitternacht im August finden, indem man eine Linie von Wega in der Leier durch Altair im Adler zieht. Diese führt zu den Hörnern und dem Kopf des Steinbocks, den Alpha- und Beta-Sternen, Giedi und Dabih. Den Fischschwanz der Figur markieren die Gamma- und Delta-Sterne

Schütze und Steinbock

STERNBILDER

Schütze und Steinbock

Nashira und Deneb Algedi („Ziegenschwanz").

Von Autoren der Antike wird der Steinbock oft einfach als Ziege betrachtet, die Darstellung als Fisch-Ziege hat mesopotamische Wurzeln, die darauf beruhen mögen, dass der chaldäische Gott der Weisheit, Oannes, halb Mensch und halb Fisch war. In Indien wurde der Steinbock als Antilope oder Krokodil dargestellt, manchmal auch als Nilpferd mit Ziegenkopf – Assoziationen, die den Aspekt eines Wesens zwischen Wasser und Land unterstreichen.

Eine Sternkarte des Steinbocks. Der Alpha-Stern formt die Hörner, der Delta-Stern den Schwanz. Der Steinbock ist die kleinste Konstellation der zwölf Sternzeichen.

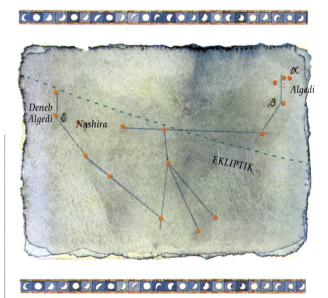

STERNBILDER

WASSERMANN UND FISCHE

Der Wassermann, das elfte Zeichen des Tierkreises, steht um Mitternacht von August bis September am höchsten. Der größte Teil der Figur liegt südwestlich des großen Pegasus-Rechtecks. Er wird als Mann gezeigt, der einen Wasserschwall, den Fluvius Aquarii (den Fluss des Wassermanns) aus einem Krug gießt, der seine Füße umströmt.

Abgesehen vom Stern Aquarius ist der Wassermann nur schwer zu erkennen, da seine Sterne höchstens dritter Größe sind. Das Sternbild hat jedoch eine äußerst lange, faszinierende Geschichte. Unsere moderne Version der Konstellation deckt sich fast mit frühbabylonischen Reliefen. Wahrscheinlich steht der Wassermann mit dem Mythos der großen Flut in Verbindung, von der Quellen im zweiten Jahrtausend v. Chr. berichten. Außerdem wurde die Zeitspanne des elften Monats, die der Phase des Wassermanns im Januar und Februar entspricht, „Fluch des Regens" genannt.

Wassermann und Fische

205

STERNBILDER

Wassermann und Fische

Überlieferungen des griechischen Dichters Pindar (um 522–422 v. Chr.) zeugen von einem alten Glauben, dass das Sternbild Wassermann den Geist der Quelle des lebenspendenden Nilstroms symbolisiert. Die Ägypter verehrten den Fluss als Gott Hapi, der bei der Quelle wohnt und von dort Himmel und Erde mit Wasser aus seinen Gefäßen versorgt. Griechischen Mythen zufolge repräsentiert der Wassermann Ganymed, den schönen phrygischen Knaben, der von Zeus in Gestalt eines Adlers entführt wurde und der Mundschenk der Götter wurde.

Eine Sternkarte, die den Wassermann und die Fische zwischen Pegasus, Walfisch und Steinbock zeigt.

In Verbindung mit der Jahrtausendwende ist der menschliche Symbolgehalt des Wassermanns in den Vordergrund gerückt, da dieser als Leitfigur der „New Age"-Kultur fungiert.

Allerdings werden durch die langsame Verlagerung der Präzession (siehe S. 40 und 42) weitere drei Jahrhunderte vergehen müssen, bis der Frühlingspunkt mit dem östlichsten Punkt des Wassermanns zusammentrifft. Welche Bedeutung wir

dem auch immer beimessen, der Wassermann steht für die Hoffnung auf bessere Zeiten.

Das benachbarte, zwölfte Tierkreiszeichen sind die Fische, eine blasse, weitläufige Sternenanordnung zwischen Pegasus und Widder. Die Fische sind an ihrem Schwanz durch ein Band, das ihren Hauptstern Al Rischa (Alpha Piscium) markiert, verbunden. Ein Fisch strebt nach Norden, der andere streckt sich unter dem Pegasus-Rechteck entlang der Ekliptik. Die Fische erreichen im September und Oktober um Mitternacht ihren Höchststand. Dieses Sternbild gibt es seit babylonischen Zeiten, obwohl seine Form variiert.

Der arabische Astronom Al Biruni lag wohl damit richtig, dass die ursprüngliche Konstellation nur aus einem Fisch bestanden hatte. Dies deckt sich mit dem griechischen Wissenschaftler Eratosthenes (geb. 276 v. Chr.), der den Fisch auf die syrische Göttin Derke (bei den Griechen Atargatis) zurück-

STERNBILDER

führt, die als Fisch mit Frauenkopf dargestellt wird.

Die Griechen setzten Atargatis mit der syrischen Göttin Astarte gleich, die wiederum mit Aphrodite verbunden wurde. Eine Sage erzählt, dass Aphrodite und ihr Sohn Eros (lat. Cupido) sich in Fische verwandelten und ins Meer tauchten, um einem Ungeheuer zu entkommen. Sie banden ihre Schwänze zusammen, um einander nicht zu verlieren. In der römischen Version hingegen retten zwei Fische Venus und Cupido.

Wassermann und Fische

Ein türkisches Gemälde (16. Jh.), das das Sternbild als einzelnen Fisch zeigt.

STERNBILDER

DIE ANDROMEDA-GRUPPE

Die meisten kennen die berühmte griechische Sage von Andromeda, die von Perseus auf seinem fliegenden Pferd Pegasus aus den Klauen eines Meerun-

Die Andromeda-Gruppe

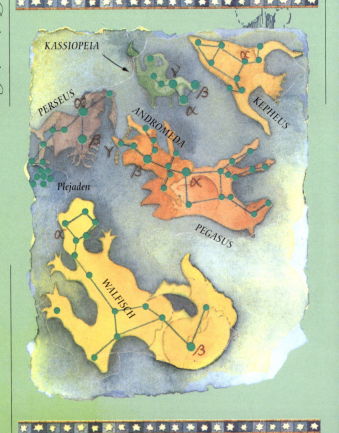

STERNBILDER

geheuers befreit wird. Jeden Herbst kann man dieses dramatische Schauspiel eindrucksvoll am Nordhimmel verfolgen.

Der Ausgangspunkt der Betrachtung ist das zirkumpolare Sternbild Kassiopeia, das leicht als W oder verkehrtes M zu orten ist und von fünf Sternen zweiter und dritter Größe gebildet wird. Es ist ein Wegweiser zum Himmelspol, da das W zum Polarstern weist. Außerdem liegt die Figur genauso weit vom Pol (30° Deklination) entfernt wie auf der anderen Seite des Pols der Große Wagen. Hat man einmal eines oder beide dieser Sternbilder gefunden, ist es leicht, sich am Nordhimmel zu orientieren.

Ferner sind diese Sternbilder heute auch Hinweise auf die Äquinoktiallinie, die durch die Pole zu den Frühlings- und Herbstpunkten verläuft. Diese Linie schneidet das W bei Caph (Beta Kassiopeiae) und läuft weiter zum nördlichen Frühlingspunkt. Auf der anderen Seite kreuzt die Linie den Pol und verläuft dann weiter durch die „Deichsel" des

Die Andromeda-Gruppe

Eine Sternkarte mit den relativen Positionen von Perseus, Andromeda, Kassiopeia, Kepheus und Pegasus mit dem schrecklichen Ungeheuer Cetus (Walfisch), das, bevor es von Perseus getötet wurde, nach Andromedas Leben trachtete.

211

STERNBILDER

Die Andromeda-Gruppe

Großen Wagens zwischen Phecda und Megrez (Gamma und Delta Ursae Majoris).

Die nächste Etappe der visuellen Reise führt zum „Pegasus-Rechteck", einer wundervollen Gruppe aus vier Sternen, die in Septembernächten am höchsten steht. Der hellste der vier Sterne liegt nur 2° östlich der Äquinoktiallinie südlich von Caph. Es handelt sich dabei um den Stern zweiter Größe Sirrah („Pferdenabel") oder Alpheratz, der heute Alpha-Stern von Andromeda ist und den Kopf der angeketteten Prinzessin nahe des geflügelten Pferdes markiert.

Im Norden formt das Pegasus-Rechteck eine leichte Kurve aus vier Sternen, die die Gestalt von Andromeda vom Kopf (Sirrah), über ihre Taille (Mirach) bis zu ihren Füßen (Alamak) definieren. Östlich zu ihren Füßen liegt ihr Retter Perseus über den Plejaden im Stier. Seinen Kopf bildet der violette Stern zweiter Größe Mirfak oder Algenib (Alpha Persei). Links hält Perseus das Haupt der Medusa, das der unheilver-

Eine Darstellung des Sternbildes Kassiopeia von Tycho Brahe (1602), die rechts die Nova von 1572 zeigt, ein schwacher Stern, der explodiert und kurz hell erstrahlt, bevor er zu seiner normalen Leuchtkraft zurückkehrt.

212

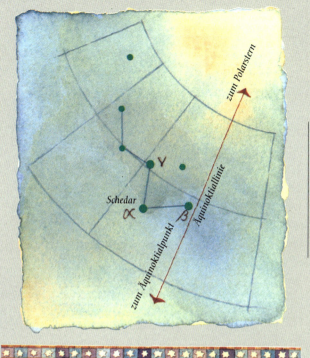

Die Andromeda-Gruppe

kündende Dämonenstern Algol (Beta Persei) formt. Dieser ist ein weiß blinkendes Doppelsternsystem, dessen Helligkeit alle zwei Tage und 21 Stunden zwischen zweiter und dritter Größe wechselt.

Eine Sternkarte von Kassiopeia, die die eindrückliche W-Form ihrer Hauptsterne zeigt.

213

Die Andromeda-Gruppe

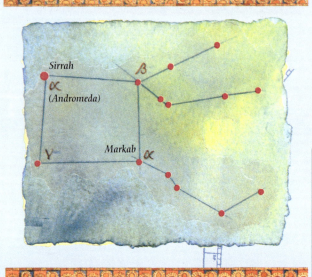

Eine Sternenkarte von Pegasus, dem mythologischen geflügelten Pferd. Klar zu sehen ist das große „Pegasus-Rechteck", im oberen linken Eck, wo der Stern Sirrah liegt, der entweder als Alpha Andromedae oder Delta Pegasi bekannt ist.

Zieht man nun von Mirfak im Kopf des Perseus eine Linie westwärts durch Kassiopeia hindurch, gelangt man zu ihrem zirkumpolaren Gemahl Kepheus. Weit im Süden knapp über dem Himmelsäquator liegt das Meerungeheuer Cetus (Walfisch), dessen Maul Menkar (Alpha Ceti), ein oranger Stern dritter Größe, formt.

Die Perseussage greift ein wiederkehrendes Motiv der griechischen Mytho-

STERNBILDER

Eine bildhafte Darstellung von Andromeda vom Blickwinkel der nördlichen Hemisphäre. Der Gamma-Stern Alamak ist ein Dreifachstern mit einem blauen und orangen Stern.

logie auf, jenes der Vorhersage, dass ein Nachfahre einen seiner Vorfahren, in diesem Fall den Großvater, töten wird. Ein Orakel prophezeite König Akrisios, dass er keine männlichen Erben haben, er aber von seinem Enkel getötet würde. Um dies abzuwenden, sperrte der König seine Tochter Danaë in einen Turm. Zeus

Die Andromeda-Gruppe

drang allerdings als Goldregen bei ihr
ein und zeugte in dieser Form Perseus.
Danaë gelang es, ihren Sohn vier Jahre
lang zu verbergen, aber als Akrisios
seinen Enkel entdeckte, ließ er Mutter
und Sohn in eine Truhe gesperrt ins Meer
werfen. Die Truhe strandete auf der Insel
Seriphos, wo Danaë und Perseus von
Polydektes, dem Bruder des Königs von
Seriphos, gerettet wurden.

Perseus musste schon bald seine Mutter gegen die Annäherungsversuche von
Polydektes verteidigen. Da dieser ihm
versprach, von Danaë abzulassen, wenn
Perseus ihm das Haupt der Medusa
bringe, willigte Perseus ein. Das schlan-
genumwundene Haupt der Medusa war
ein so entsetzlicher Anblick, dass jeder,
der sie erblickte, zu Stein erstarrte. Aber
die Götter waren Perseus wohlgesonnen.
Athene schenkte ihm einen glänzenden
Schild, in dem er das Spiegelbild der
Medusa sehen konnte, ohne sie direkt
anblicken zu müssen, und Hermes ver-
sorgte ihn mit geflügelten Sandalen zum

Fliegen und einer Sichel, um sie zu köpfen. Von Hades bekam er eine Tarnkappe und eine Tasche, um Medusas Kopf darin zu transportieren.

So ausgerüstet flog Perseus ins Reich der Gorgonen, die zwischen ihren versteinerten Opfern schliefen. Perseus köpfte mit Hilfe seines spiegelnden Schildes und der Sichel Medusa, aus deren Leib ein Krieger und das geflügelte Pferd Pegasus sprangen. Perseus aber stahl sich unsichtbar mit Medusas Haupt in der Tasche davon.

Auf seinem Rückweg sah er Andromeda an einen Felsen gekettet. Sie war die Tochter des Königspaares von Äthiopien, Kepheus und Kassiopeia. Kassiopeia hatte einmal ihre und Andromedas Schönheit mit jener der Meernymphen, den Nereiden, verglichen. Diese beklagten sich darauf bei Poseidon, der deswegen das Meerungeheuer Cetus (Walfisch) schuf, das die Menschen terrorisierte. Laut dem Orakel konnte Kepheus sein Reich nur retten, wenn er

Die Andromeda-Gruppe

STERNBILDER

Die Andromeda-Gruppe

seine Tochter opferte. Daher ließ er Andromeda als Gabe für das Untier nackt an einen Felsen fesseln.

Perseus war so von ihrer Schönheit hingerissen, dass er Kepheus und Kassiopeia bat, sie heiraten zu dürfen, wenn er sie retten könnte. Nachdem sie zugestimmt hatten, streifte er seine Tarnkappe über und köpfte das Ungeheuer mit der Sichel.

Dann eilte er nach Seriphos, wo Polydektes sein Versprechen, Danaë nicht nachzustellen, gebrochen hatte. Voll Rache stürmte Perseus zu dessen Bankett und verwandelte ihn und seine Getreuen mit Hilfe des Hauptes der Medusa zu Stein.

Perseus schenkte Athene das Haupt der Medusa – das fortan auf ihrem Schild zu sehen war – und kehrte mit seiner Mutter und Andromeda nach Argos zurück. Akrisios, der sich an das Orakel erinnerte, floh nach Lárisa in Thessalien. Eines Tages wurde Perseus dorthin zu Begräbnisspielen, denen auch Akrisios beiwohnte, eingeladen. Als Perseus den

Das Sternbild Perseus: Der Stern Mirfak (Alpha Persei) markiert dessen Kopf und Algol (Beta Persei) das Haupt der Medusa in Perseus' linker Hand. Seine Flügelsandalen werden durch den Gamma-Stern bei seinen Füßen markiert.

STERNBILDER

Diskus warf, lenkten die Götter die Scheibe auf Akrisios, den sie tötete. Pegasus stellt eine interessante Kombination mythologischer Motive dar.

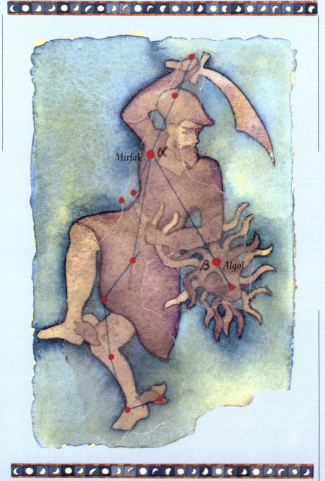

Die Andromeda-Gruppe

Die Andromeda-Gruppe

Ursprünglich hatte Pegasus bei den Griechen keine Schwingen, aber etruskische und mesopotamische Quellen bezeugen, dass das geflügelte Pferd auf vorklassische Zeiten zurückgeht. Normalerweise stellte es das Ross von Königen oder Göttern dar. Einer israelischen Legende zufolge gehörte es dem sagenhaften Krieger Nimrod, einem „tüchtigen Krieger vor dem Herrn" (Genesis 10,9).

Eine ältere Version der griechischen Mythen beschreibt Pegasus als Zeus' Träger von Blitz und Donner. Pegasus schuf auf dem Berg Helikon mit einem Hufschlag Hippokrene („Rossquelle"), die Quelle der Inspiration, die den neun Musen, den Göttinnen der Künste und Wissenschaften, geweiht ist.

In anderen Versionen reitet Perseus bei seiner Rettung Andromedas auf Pegasus, aber ursprünglich war das fliegende Pferd mit dem Mythos von Bellerophon, dem Sohn des Königs von Korinth, verbunden. Bellerophon sollte

STERNBILDER

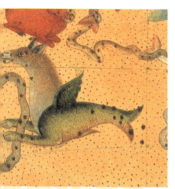

Das Sternbild
Walfisch (Cetus)
auf einer indischen Sternkarte
(siehe S. 218)

die Chimäre, ein schreckliches feuerspeiendes Untier mit Löwenkopf, Ziegenleib und Schlangenschwanz, töten. Ein Seher riet ihm, Pegasus zu fangen und zu zähmen, was ihm mit Hilfe des goldenen Zaumzeugs, das ihm Athene gab, gelang. Von Pegasus getragen, konnte Bellerophon einen Brocken Blei, den er an seinen Speer gebunden hatte, in den Rachen der Chimäre schleudern. Der kochende Atem des Untiers schmolz das Blei, das seine Kehle hinabfloss und seine inneren Organe zerstörte. Eine andere Sage berichtet von Bellerophons Versuch, mit Pegasus zum Olymp, dem Berg der Götter, zu fliegen. Zeus sandte eine Bremse, die Pegasus stach, worauf dieser sich aufbäumte und Bellerophon zur Erde warf. Fortan wanderte dieser blind und lahm durch die Welt und scheute den Kontakt mit Menschen, während Pegasus ein einfaches Packtier wurde.

Die Andromeda-Gruppe

221

WIDDER

Der Widder liegt westlich der Plejaden und des Stiers und südwestlich von Perseus. Er erreicht seinen Höchststand um Mitternacht im Oktober. Seine Bezeichnung als Widder geht auf mesopotamische Zeiten um das dritte Jahrtausend v. Chr. zurück. Abgesehen von den drei Sternen, die seinen Kopf bilden, ist seine Form jedoch schwer erkennbar. Der gelb leuchtende Alpha-Stern zweiter Größe Hamal wird auch „Hornstern" oder „Widderauge" genannt.

Als erstes Tierkreiszeichen markierte der Widder vor zwei Jahrtausenden den Frühlingspunkt (an dem der Himmelsäquator diese Konstellation durchquert; siehe S. 42). Viele Tempel aus dem zweiten Jahrtausend v. Chr. sind nach Hamal ausgerichtet.

In den griechischen Mythen steht dieses Sternbild für das Goldene Vlies, das von einem magischen, fliegenden

STERNBILDER

Eine Sternkarte des Widders, dem ersten Tierkreiszeichen. Es liegt genau über der Ekliptik. In bildhaften Darstellungen formt sein Hauptstern Hamal entweder sein Auge oder Horn.

Widder stammte und auf dessen Suche sich Jason, Prinz von Jolkus in Thessalien, machte. Sein Vater wurde von seinem eigenen Bruder gefangen gehalten, und Letzterer versprach Jason den Thron, wenn er ihm das Vlies von König Aietes von Kolchis brächte. Der Widder war von Hermes zur Rettung der Kinder des Königs von Böotien gesandt worden, als deren Stiefmutter ihr Leben bedrohte. Ein Kind starb auf der Flucht, aber das andere erreichte sicher Kolchis. Als Dank wurde das Tier den Göttern geopfert und das Vlies König Aietes überlassen, der es im

Widder

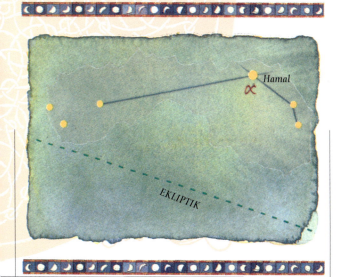

STERNBILDER

Widder

Hain des Kriegsgottes Ares von einem niemals schlafenden Drachen bewachen ließ.

Jason sammelte eine Gruppe Männer (die Argonauten) um sich, die sich mit dem Schiff Argo auf die Suche nach dem Goldenen Vlies machten. Als der Held Kolchis erreichte, versprach ihm Aietes das Fell, wenn er einige schwierige Aufgaben erfüllen könnte. Jason tat dies, aber Aietes weigerte sich, seinem Eid Folge zu leisten. Doch die Zauberin Medea, die Tochter des Königs, verzauberte den Drachen, damit Jason das Vlies rauben und mit ihr als Braut nach Thessalien zurückkehren konnte.

Die Verbindung von Ares mit dem Widder reicht bis in die Astrologie, wo der Planet Mars das Sternbild regiert. Der Widder wurde auch oft Athene, Zeus und dem „Unbekannten Gott" zugeschrieben.

STERNBILDER

STIER

Eine Sternkarte des Stiers im Vergleich zu Orion und Zwilling, die seine Position auf der Ekliptik zeigt. Der rote Stern Aldebaran (Alpha Tauri) bildet das Auge und Al Nath (Beta Tauri) das Horn des Stiers.

Der Stier ist ein markantes Sternbild, das am Nordhimmel Anfang Dezember zu Mitternacht am höchsten steht. Er liegt nordöstlich des Orion und bildet mit den zwei Sternhaufen, den Plejaden und den Hyaden, eine lose Formation um den blassroten Stern erster Größe Aldebaran (Alpha Tauri), der das „Stierauge" formt. Aldebaran liegt nahe der Ekliptik und war

einer jener vier Sterne, die vor rund 5 000
Jahren die Schnittpunkte der Sonne mit
den Solstitien und Äquinoktien markierten. Aldebaran war der Frühlingspunkt, Antares im Skorpion der Herbstpunkt, Regulus im Löwen markierte die
Sommersonnenwende und Fomalhaut im
Wassermann die Wintersonnenwende.
Das Sternbild zeigt nur die Vorderfront des
Stieres, der seinen Kopf kampfbereit
gesenkt hat. Al Nath (Beta Tauri), ein
strahlend weißer Stern zweiter Größe,
bildet das nördliche Horn.

Da der Stier von etwa 4000 v.Chr bis
1700 v. Chr. der Frühlingspunkt war, findet
man Aufzeichnungen über das Sternbild,
die sich bis zu den Anfängen der
Astronomie in Mesopotamien zurück-
führen lassen. In Persien stand der Stier für
den Gott Mithras, der in den römischen
Legionen weit verbreitet und daher ein
ernst zu nehmender Rivale des Christen-
tums war.

Die Griechen verbanden den Stier mit
der Sage von Europa, eines schönen

STERNBILDER

Mädchens, das Zeus in der Gestalt eines schneeweißen Stieres entführte. Als sich Europa zutraulich auf seinen Rücken setzte, schwamm er mit ihr über das Meer nach Kreta, wo er sie verführte.

Die Römer weihten den Stier Bacchus, dem Gott des Weines. Bei Festen zu Ehren Bacchus' tanzten Mädchen, die die Hyaden und Plejaden symbolisierten, um einen blumenbekränzten Stier.

Der erste Sternhaufen, die Hyaden, war im alten China das 19. Haus des Mondes *Pi*, mit seinem Hauptstern Epsilon Tauri. *Pi* bedeutet „Jagdnetz", das dazu dient, Vögel oder Kaninchen zu fangen. Der Kriegsgott Tsan (Orion) wird sein Netz über dem Kopf schwingend dargestellt. In den mesopotamischen Schöpfungsmythen verwendet der Gott

Die Plejaden als die Sieben Schwestern nach einem italienischen Manuskript (9.–10. Jh.). Im Uhrzeigersinn von oben beginnend sieht man Merope, Kelaino, Asterope, Maia, Taygete, Alkyone und Elektra in der Mitte.

227

STERNBILDER

Ein römisches Relief, das den persischen Gott Mithras, der einen Stier tötet, zeigt. Er ist von einem gegen den Uhrzeigersinn laufenden Tierkreis umgeben.

Marduk die Hyaden als Bumerang-ähnliche Waffe. Sie wurden auch als der Kieferknochen, mit dem Samson gegen die Philister kämpfte, ausgelegt. Die Azteken sahen darin den Kieferknochen eines Ochsen.

Die Plejaden formen etwa 15° nordwestlich von Aldebaran die Schulter des Stiers. Das Siebengestirn ist nicht größer als der Vollmond und sieht wie die Miniatur des Großen Wagens aus. Er faszinierte seit jeher die Beobachter der Sterne und wurde häufig als eigenständige Sternformation angesehen. Sein Hauptstern ist Alcyone (Eta Tauri), ein gelbgrüner Stern dritter Größe. Die Griechen sahen in den Plejaden sieben Schwestern, eine Assoziation, die sich auch in vielen anderen Kulturen findet.

228

GROSSER UND KLEINER BÄR

Die markante, aus sieben Sternen bestehende Form des Großen Wagens oder Pfluges macht ihn zu dem Sternbild in der nördlichen Hemisphäre, das am leichtesten erkannt wird. Ab 40° nördlicher Breite erscheint er immer vollständig am Firmament, und ab dem dreißigsten Breitengrad sind die meisten seiner zirkumpolaren Sterne zu sehen.

Der Große Wagen ist zwar als Rumpf und Schwanz des Großen Bären Teil der größeren Konstellation, seine Wichtigkeit rechtfertigt jedoch seine separate Beschreibung. Er gleicht in seiner Form einer tiefen Pfanne mit langem, gebogenem Stiel. Auf der stiellosen Seite der Pfanne befinden sich die beiden hellsten Sterne der Gruppe (zweiter Größe), Dubhe und Merak (Alpha und Beta Ursae Majoris). Diese sind wertvolle Bezugspunkte, da sie nahezu einen präzisen Nord-Süd-Meridian bilden, der in seiner Verlängerung direkt auf den rund 30° entfernten Polarstern weist. Ihre Bahn über den Nachthimmel ist der Stundenzeiger der Himmelsuhr.

Ein weiteres faszinierendes Detail findet sich, vom Stielende aus gesehen, beim zweiten Stern. Auf den ersten Blick sieht man nur einen einfachen Stern zweiter Größe, Mizar (Zeta Ursae Majoris), aber bei näherer Betrachtung lässt sich ein Stern fünfter Größe, der knapp nordöstlich von ihm liegt, entdecken. Es ist Alcor (80 Ursae Majoris), der trotz seiner Unscheinbarkeit immer wieder Aufmerksamkeit auf sich zog. Die Araber sahen ihn als den Stern, der die niedrigste Stellung in der Himmelshierarchie hatte (Canopus die höchste). Die arabischen Nomaden prüften am Erkennen von Alcor neben Mizar ihre Sehkraft. Einer germanischen Sage zufolge ist Alcor die gefrorene Zehe des Riesen Orwandil (Orion), die ihm Thor abbrach und in seinen Himmelswagen warf.

Die Auslegung der sieben Sterne als göttliches Vehikel war im vorchristlichen

> Eine Sternkarte des Großen und Kleinen Bären, die um den Polarstern (der auch der letzte Stern am Schwanz des großen Bären ist) liegen. Der Große Wagen als Teil des Großen Bären ist stärker hervorgehoben.

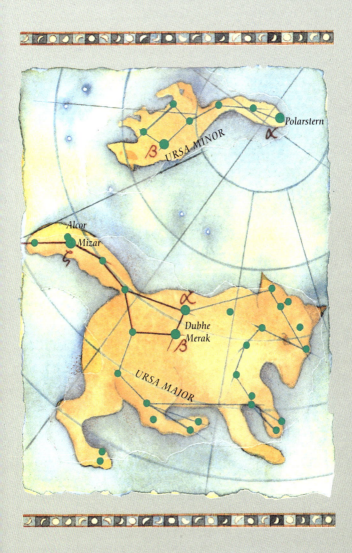

Europa gängig und findet sich bei griechischen und lateinischen Autoren wie auch bei Juden und Arabern. Ein chinesisches Relief (150 v. Chr.), das einen Himmelsbeamten in einem Wagen aus den sieben Sternen zeigt, zeugt davon, dass dieses Bild auch dort verbreitet war.

Die indische Sicht der Sterne als die Sieben Rishis oder Weisen wurde im neuzeitlichen Okkultismus und in der Theosophie wieder aufgegriffen. Der Begriff *rishi* bezieht sich im Sanskrit auf „Bär". Dies spiegelt den Mythenkomplex der heute vorherrschenden Sicht des Sternbildes wider. Auch einige Stämme in Nordamerika sehen den blassen Stern Alcor als Mädchen, das in einen Bären verwandelt wurde.

Die europäische Sicht des Bären geht auf Homer zurück und wurde von den meisten antiken Autoren übernommen. Der griechische Mythos um den Großen und Kleinen Bären handelt von der Nymphe Kallisto, der Tochter von König Lykaon von Arkadien, die die Jagd liebte.

STERNBILDER

Daher schloss sie sich Artemis (lat. Diana), der Göttin der Jagd, an, was bedeutete, dass sie jungfräulich bleiben musste. Zeus pirschte sich, als sie im Wald schlief, in der Gestalt von Artemis an sie heran, bevor er sie vergewaltigte. Kallisto wurde schwanger, worauf Artemis sie verstieß. Sie gebar einen Sohn, dem sie den Namen Arkas gab.

Als Zeus' Gemahlin Hera davon erfuhr, verfluchte sie Kallisto und verwandelte sie in eine Bärin, die sich tief im Wald versteckte. Arkas wuchs inzwischen selbst zum Jäger heran. Als er eines Tages jagte, erkannte Kallisto ihren Sohn und wollte ihn umarmen. Arkas richtete in seiner Angst den Bogen auf das Tier, aber Zeus verwandelte auch ihn in einen Bären. Er setzte Mutter und Sohn als Großen und Kleinen Bären an den Himmel.

Eine arabische Illustration aus dem 18. Jh. zeigt den Großen Bären, der im Arabischen nach seinem Hauptstern Dubhe genannt wird.

Großer und Kleiner Bär

233

Die Milchstrasse

In einer klaren Neumondnacht, fernab des Lichtermeers der Städte, können wir das diffus schimmernde Sternenband, das wir als Milchstraße kennen, in voller Pracht bewundern, wie es sich in einem breiten Bogen über das ganze Firmament erstreckt. Wenn wir das Band genauer oder mit einem Fernglas betrachten, können wir dort dichtere Sternhaufen als irgendwo sonst am Himmel erkennen. Wir blicken dabei genau auf die Drehscheibe eines riesigen Sternensystems. Der leuchtende Nebel ergibt sich in Wirklichkeit aus dem verdichteten Licht von unzähligen Sternen, die zu weit von uns entfernt sind, um sie einzeln wahrzunehmen. Diese bilden unsere Galaxie.

Die Sonne ist nur einer von hundert Milliarden Sternen dieses ausgedehnten Systems und liegt etwa zwei Drittel von dessen Zentrum entfernt auf einem ihrer

Die Milchstraße (hier auf einer Werbung für Zigaretten), die die Ekliptik in den Zwillingen und im Schützen kreuzt, wurde oft als großer Fluss am nächtlichen Firmament ausgelegt.

STERNBILDER

Spiralarme. Die Sterne außerhalb der Milchstraße können zu diesem System gezählt werden, da sie jedoch nicht auf der spiralförmigen Scheibe der Galaxie liegen, sind sie weniger dicht. Unsere Galaxie hat einen Durchmesser von rund 100 000 Lichtjahren. Dahinter liegt unermesslicher Raum, bevor wir andere Sternsysteme erreichen. Das nächste größere System ist die Andromeda-Galaxie. Sie liegt ungefähr zwei Millionen Lichtjahre von uns entfernt und ist nur als schwacher Fleck in der Größe des Vollmondes im Sternbild Andromeda erkennbar. Das Zentrum unserer Galaxie liegt im Schützen, wo die Milchstraße sichtbar breiter und dichter ist.

Die Milchstraße wird nahezu überall als Straße oder Fluss beschrieben, und in einigen Teilen der Welt wurde ein realer Fluss als irdischer Gegenpart zur Milchstraße gedeutet. So wurde sie im alten Ägypten mit dem Nil, in Indien mit dem Ganges gleichgesetzt. In China nannte man sie Himmelsfluss und fand ihr irdisches Äquivalent im Huanghe (Gelben

Die Milchstraße

STERNBILDER

Die Milchstraße

Fluss) oder im Han-Fluss. Der Himmelsfluss spielt eine bedeutende Rolle in der bekannten Legende von der Weberin und dem Hüterjungen, die am Himmel als Wega und Altair (Alpha Lyrae und Alpha Aquilae) erscheinen. Als das Webermädchen ihren Nachbarn, den Hüterjungen, der am Ufer des Himmelsflusses lebte, heiratete, wurde ihr Vater, der Sonnengott, wütend und beschloss, das Paar zu trennen. Er zwang sie, jeweils auf der anderen Seite des Flusses zu leben, wo wir sie heute sehen. Sie dürfen einander nur einmal im Jahr zur Feier des siebten Tages im siebten Monat sehen: Dann lässt der Sonnengott von Elstern eine Brücke bilden, über die Wega dann freudig läuft.

Die Milchstraße von 50° nördlicher Breite aus gesehen, was ungefähr dem Blickwinkel von London, Toronto und Moskau entspricht.

In einigen Kulturen gilt die Milchstraße als Seelenweg. Die Sumo in Honduras glauben, dass Mutter Skorpion am Ende der Milchstraße lebt und dort die Seelen der Toten erwartet. Sie schenkt auch neue, die sie an ihren vielen Brüsten

236

STERNBILDER

Ein Holzschnitt aus der Renaissance, der Herkules (Herakles) zeigt, wie er von Juno (Hera) gesäugt wird. Die Milch, die in den Himmel sprühte, wurde zur Milchstraße, die Milch, die zur Erde fiel, ließ Lilien aufgehen (wie hier dargestellt).

säugt. Der römische Gelehrte Macrobius (ca. 4. Jh. v. Chr.) schreibt, dass die Seelen nach dem Tod in das Zeichen Steinbock hinauf- und durch den Krebs hinabsteigen, was sich mit der Kreuzungsbahn der Milchstraße von Zwilling und Schützen deckt. Er weist deutlich darauf hin, dass das Tor an den Schnittpunkten der Milchstraße mit dem Tierkreis liegt. Die Mayas orteten den „Weltbaum" Wakah-ch'an, der den Himmel trägt, an derselben Schnittstelle von Ekliptik und Galaxie.

Die griechischen Mythen erklären die Milchstraße in vielfältiger Weise. Eine Version verbindet ihren Ursprung mit Herakles, dem Sohn von Zeus und der Sterblichen Alkmene. Zeus wollte seinen Sohn mit der Milch einer Göttin unsterblich machen und ließ ihn, unter dem Vorwand, er sei ein Findelkind, von Hera säugen. Herakles trank aber so gierig, dass sie ihn vor Schmerz fallen ließ. Ein Milchschwall ergoß sich aus ihrer Brust und bildete die Milchstraße.

Die Milchstraße

237

Die Kultstätte von Teotihuacán (siehe S. 323–328), von der Mondpyramide aus gesehen. Im Zentrum die „Straße der Toten", links davon die Sonnenpyramide. Beide Pyramiden sind am heiligen Berg Cerro Patlachi-que, der am südlichen Horizont zu sehen ist, ausgerichtet.

Kultstätten

Viele frühzeitliche Kultstätten sind an astronomischen Ereignissen ausgerichtet – dem Sonnenaufgang an Sonnenwenden und Tagundnachtgleichen, dem Mondauf- und -untergang an den Mondwenden (siehe S. 30–31) oder auch an bestimmten Sternen und Planeten. Die Archäoastronomie befasst sich mit der wissenschaftlichen Erforschung dieser Kultstätten. Der genaue Zweck ihrer astronomischen Ausrichtung liegt zwar oft im Dunkeln, aber man vermutet, dass diese in Beziehung zu den jahreszeitlichen Zyklen und deren Fruchtbarkeitsriten stehen.

Die Pyramiden von Gizeh sind an Orion und den Hyaden ausgerichtet, wie hier anhand des Alpha- und Epsilon-Sterns gezeigt wird.

KULTSTÄTTEN

WISSENSCHAFTLICHE GRUNDLAGEN

Auf der ganzen Welt zeugen Ruinen alter Zivilisationen von deren astronomischem Wissen. Viele dieser Stätten stellen ein Mysterium dar, doch der detektivischen Forschung der Archäoastronomie gelingt es manchmal zu enthüllen, dass eine Stätte sich am Sonnenaufgang bei Sonnenwenden ausrichtet, während eine andere sich am nördlichsten Punkt, an dem die Venus vor 2 000 Jahren unterging, orientiert.

Wie aber war diese präzise Ausrichtung möglich? Sobald ein Platz gewählt war, scheint es relativ simpel, wenn auch aufwändig, diesen nach Sonne oder Mond auszurichten. Ausgangspunkt dafür wäre eine Markierung im Zentrum des Monuments. Der Norden ließ sich ermitteln, indem man den Punkt des Auf- und Untergangs eines Sterns markierte und daraus die Mitte zog. Die Auf- und Untergänge bei Sonnen- oder Mondwenden könnten

Wissenschaftliche Grundlagen

KULTSTÄTTEN

Wissenschaftliche Grundlagen

Die drei stehenden Steine von Ballochroy an der schottischen Westküste weisen auf ein Steingrab in Truhenform auf der 12 Kilometer entfernten Cara-Insel, über der die Sonne bei der Wintersonnenwende untergeht. Weiters weist eine Linie vom mittleren Stein zu Corra Bheinn, einem 30 Kilometer entfernten Berg auf der Isle of Jura, auf die Lage des Sonnenaufgangs zur Sommersonnenwende hin.

durch das wiederholte Aufstellen von Pfosten an den Punkten des Auf- und Untergangs ermittelt werden. Daraufhin könnten an Punkten mit besonderer Bedeutung ständige Markierungen errichtet worden sein. Mit der Zeit nahm das Wissen über die Himmelserscheinungen wahrscheinlich zu, sodass es nicht mehr nötig war, einen ganzen 18,6-jährigen Mondknotenzyklus zu beobachten, um eine Kultstätte zu bauen.

242

Wissenschaftliche Grundlagen

Viele dieser Stätten nutzen natürliche Erscheinungen am Horizont, um bestimmte Punkte zu markieren, deren Berechnung wohl viel Zeit in Anspruch nahm. Nur wenige Kultstätten haben einen flachen Horizont, und schon ein Hügel beeinflusst drastisch die Position des Sonnenaufgangs oder Monduntergangs.

Sucht man nach Hinweisen für alte astronomische Stätten, ist eine gewisse

KULTSTÄTTEN

Wissenschaftliche Grundlagen

Skepsis angebracht: Fast die Hälfte aller herumliegenden Steine könnte zufällig auf eine besondere astronomische Ausrichtung hinweisen. Daher muss man zuerst den richtigen „Beobachtungspunkt" finden: Es gibt zum Beispiel in Uaxactún verschiedene Aussichtsplateaus, allerdings haben viele megalithische Monumente einen zentralen Fokus. Von diesem festgelegten Punkt können Peillinien zu einem Stein, Loch oder Hügel am Horizont gezogen werden. Ein solches prägnantes Merkmal wird „Zielpunkt" genannt: je größer die Entfernung zwischen Beobachtungs- und Zielpunkt, desto genauer die Ausrichtung.

ANMERKUNG

Auf den folgenden Seiten symbolisieren farbige Quadrate Sonnenauf- und -untergänge zu Sonnenwenden und Tagundnachtgleichen sowie die größeren und kleineren Mondwenden: Die Symbole korrespondieren mit denen, die in den erläuternden Diagrammen von S. 21 (Sonne) und S. 30–31 (Mond) verwendet wurden.

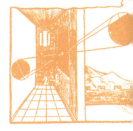

STONEHENGE
ENGLAND

1740 entdeckte der Altertumsforscher William Stukeley, dass die Achse der großen, grauen Steine von Stonehenge in der Ebene von Salisbury nach Nordosten wies, „wo die Sonne aufgeht, wenn die Tage am längsten sind". Der Glaube an eine Verbindung zwischen Stonehenge und der Sommersonnenwende reicht einige Jahrhunderte weiter zurück: Man feierte dort die traditionellen Mittsommerfeste. Heute weiß man, dass – vom Zentrum der Stätte aus betrachtet – die Sonne zur Sommersonnenwende über dem hohen Abschlussstein aufgeht.

Das Monument weist jedoch auch komplexere astronomische Merkmale auf. Stonehenge ist eng mit der Entwicklung der Astroarchäologie verbunden. Der so genannte „Vater der Astroarchäologie", Sir Nor-

Eine Luftansicht von Stonehenge, die die jetzigen Überreste des inneren und äußeren Sarsenkreises und die zwei erhaltenen Stationssteine zeigt. Der Abschlussstein unten rechts ist nicht mehr ganz am Bild zu sehen.

KULTSTÄTTEN

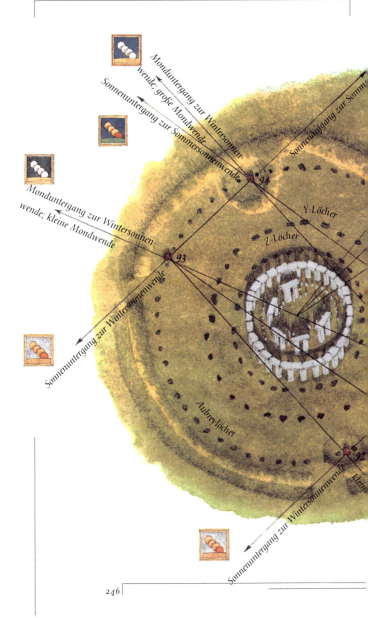

KULTSTÄTTEN

Diese Karte von Stonehenge zeigt die astronomischen Peillinien, die von Lockyer, Newham und Hawkins gefunden wurden. Das Rechteck der Stationssteine (die rotgepunktete Markierung 91–94) wird von den Peillinien gesäumt. Die Megalithen des äußeren Kreises und des inneren Hufeisens bestehen aus lokalen Sarsensteinen; wie aber so schwere Steine transportiert und aufgestellt werden konnten, bleibt weiterhin ein Rätsel.

Stonehenge

247

man Lockyer, begann 1901 mit der wissenschaftlichen Erforschung der Kultstätte. Er hatte sich zuvor mit der astronomischen Ausrichtung griechischer und ägyptischer Tempel befasst. Lockyer versuchte, Stonehenge zu datieren, indem er errechnete, wann der erste Strahl des Sonnenaufgangs der Sommersonnenwende genau auf der Achse des Monuments lag. Er kam auf etwa 1600 bis 2000 v. Chr., welches etwa der Zeit, die man heute Stonehenge III nennt, entspricht (damals wusste man noch nicht, dass das Monument mehrmals umgebaut worden war: siehe S. 255).

Lockyer erkannte, dass sich diese Achse in der einen Richtung bis Silbury Hill und in der anderen bis Castle Ditches verlängern ließ; beides Hügel mit prähistorischen Erdwällen. Er berechnete auch, dass eine Diagonale durch das von den so genannten Stationssteinen geformte Rechteck Sonnenauf- und -untergänge an bedeutsamen Tagen, wie z. B. dem 1. Mai, anzeigte. Durch die mangelhafte und teils

KULTSTÄTTEN

fehlerhafte Präsentation seiner Erkenntnisse wurden diese leider wissenschaftlich angezweifelt. Trotzdem setzte seine Arbeit die ernsthafte, astroarchäologische Erforschung von Stonehenge in Gang.

Es erschienen allerdings erst in den 1960er Jahren elaborierte Studien, die auf den exakten Messungen von C. A. Newham basierten. Diese ergaben, dass die beiden Seiten des von den Stationssteinen geformten Rechtecks Peillinien zu Schlüsselpositionen von Sonnen- und Mondauf- und -untergang bildeten. Newham war zwar nicht der Erste, der diese bemerkte, aber nur er erkannte ihr volles Ausmaß. Newham ortete eine andere Peillinie

Stonehenge

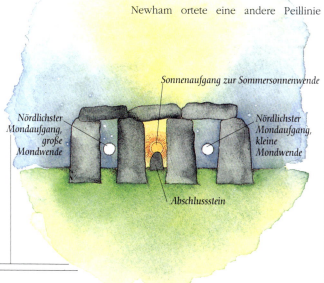

Sonnenaufgang zur Sommersonnenwende

Nördlichster Mondaufgang, große Mondwende

Nördlichster Mondaufgang, kleine Mondwende

Abschlussstein

zwischen dem Abschlussstein und Stationsstein 94, die den Mondaufgang zur Tag-undnachtgleiche markieren sollte. Er gelangte schließlich zu der Annahme, dass Stonehenge ursprünglich „ein Ort der Erforschung der Mondphänomene" war. Die Löcher im Eingangsbereich sah er als Hinweis auf Holzpfeiler, die die Erbauer von Stonehenge aufgestellt hatten, um über ein Jahrhundert lang die Mondbahn festzuhalten und daraus den Mondknoten-Zyklus von 18,6 Jahren bestimmen zu können. Ferner stellte er fest, dass einer der dreißig Steinpfeiler dünner als die anderen war und schloss daraus, dass dieser Ring die 29,5 Tage des Mondmonats darstellen sollte.

Mittlerweile scheint plausibel, dass Stonehenge ursprünglich an einer Mondachse ausgerichtet war und erst später um 4° zu einer Sonnenachse verschoben wurde. Wenn aber Stonehenge zuvor ein Mondtempel war, warum geht dann die Sonne zur Sommersonnenwende genau über dem Abschlussstein auf? Die Antwort

KULTSTÄTTEN

liegt darin, dass dieser 37 Tonnen wiegende, fünf Meter hohe Stein gar nicht genau den Sonnenaufgang zur Sonnenwende markiert: Die Sonne geht – vom Zentrum gesehen – etwas links (westlich) von ihm auf, und der Abstand davon war vor etwa 5 000 Jahren (dank der Präzession) sicher größer. 1979 entdeckte man einige Meter westlich des Steins ein Loch. Deutete dieses auf einen mittlerweile verschwundenen Stein hin, so wäre der Sonnenaufgang zur Sonnenwende von zwei Steinsäulen gesäumt gewesen, von denen nur eine erhalten ist. Das Loch könnte aber auch auf die frühere Lage des Abschlusssteins selbst hinweisen, den man bei der Verschiebung der Achse versetzt hatte. Und vielleicht beruht die Beziehung zwischen Abschlussstein und Sonnenwende nur auf Zufall. Vom Zentrum des Monuments sieht man diesen Stein durch eine Lücke zwischen zwei Pfeilern des äußeren Sarsenkreises. Die zwei Lücken auf jeder Seite sind „Fenster" zu den nördlichsten und südlichsten Punkten, wo

Stonehenge

251

der Mond in seinem 18,6-jährigen Zyklus aufgeht (siehe Illustration S. 249). Die Mitte dieser Bahn markiert offenbar der Abschlussstein.

Gerald Hawkins, Astronom der Smithsonian Institution (USA), verfolgte Newhams Arbeit und begann, das Rechteck der Stationssteine zu erforschen. Er entdeckte dabei noch mehr Peillinien. Um diese zu beweisen, musste er jedoch einige fragwürdige Indikatoren integrieren, wie z. B. Löcher, in denen vielleicht nie Steine oder Pfeiler gesteckt hatten.

Hawkins erforschte unter anderem auch die großen Sarsensteine, die am meisten mit Stonehenge verbunden werden. Er fand heraus, dass vom inneren „Hufeisen" der großen Trilithen (zwei Steinpfeiler mit querliegendem Deckstein) Peillinien durch die Zwischenräume der Pfeiler des äußeren Sarsenkreises auf wichtige solare und lunare Auf- und Untergangspositionen wiesen. Die engeren Spalten zwischen den Trilithen fungieren als Objektive durch die weiteren Lücken des

Sarsenkreises. Keine dieser Peillinien war besonders genau (da die Abstände zu groß sind), aber sie wiesen als „Fenster" zu astronomisch wichtigen Teilen des Horizonts.

Als Hawkins herausfand, dass es 56 „Aubreylöcher", ein Kreis von Vertiefungen entlang des Erdwalls um Stonehenge, gab, nahm er an, dass diese der Vorhersage von Eklipsen gedient hatten, da der Mond alle 56 Jahre seinen Eklipsenzyklus vollendet. Seiner Ansicht nach wurden jedes Jahr Steine zur Markierung

Dieses Diagramm illustriert Hawkins' Theorie, dass die Sarsensteine Peillinien zu den wichtigsten Auf- und Untergangspositionen von Sonne und Mond aufwiesen.

KULTSTÄTTEN

Stonehenge

um ein Aubreyloch versetzt und ebenso jeden Tag ein Mondmarkierungsstein um einen Sarsenpfeiler weitergerückt, um gemeinsam eine bevorstehende Sonnen- oder Mondfinsternis vorauszusagen. Der Astronom Fred Hoyle vertrat eine ähnliche Sicht, basierend auf einem System mit weniger Markierungen, aber beide konnten die Archäologen nicht über- zeugen.

1973 wandte sich schließlich der schot- tische Ingenieur und Astronom Alexander Thom, dessen Arbeit die Archäoastro- nomie revolutionierte, Stonehenge zu. Mit seinem Sohn Archibald erforschte er das Monument genauer, indem er längere (und folglich exaktere) Peillinien anlegte. Wie Lockyer am Anfang des 20. Jahrhun- derts betrachteten die Thoms Stonehenge als das Zentrum landschaftlich weitläu- figer Peillinien. Obwohl wir uns der Einzelheiten nie sicher sein können, steht fest, dass die Astronomie eine bedeutende Rolle in der Struktur und Verwendung von Stonehenge spielte. Ebenso sicher ist, dass es nicht nur als astronomisches Observatorium diente. Die Astronomie war innerhalb eines kosmologisch-religiösen Hintergrundes Hilfsmittel für Rituale und Zeremonien, also mehr spiritueller denn wissenschaftlicher Natur. Dies vermindert allerdings nicht die Genauigkeit der damaligen astronomischen Beobachtungsfertigkeiten.

DIE PHASEN VON STONEHENGE

Stonehenge I
Die Erstversion der Kultstätte war offenbar ein großes, rundes Holzgebäude (um 3300 v. Chr.). Etwa ein Jahrhundert später wurden ein kreisförmiger Umschließungswall („henge"), die Aubreylöcher und wahrscheinlich auch der Abschlussstein (und sein möglicher Partner) geschaffen. Zwei Steine markieren den Eingang des Walls, eventuell gab es schon hölzerne Aufbauten.

Stonehenge II
Zwischen 2200 und 2000 v. Chr. orientiert sich die Kultstätte an der Sommersonnenwende. Eine 460 m lange Straße zog sich entlang dieser Linie von Nordosten zum Eingang. Ein unvollständiger Kreis aus Blausteinen wird innerhalb des Walls errichtet, aber später wieder entfernt und hinterlässt die Q- und R-Löcher. Die Stationssteine könnten ebenso in diese Zeit fallen.

Stonehenge III
IIIa (ca. 2000 v. Chr): Fünf Sarsen-Trilithen werden innerhalb eines Kreises bestehend aus 30 kleineren Sarsenpfeilern errichtet. Zwei Sarsenpfeiler markieren den Eingang, darunter der umgestürzte „Schlachtstein".
IIIb (um 2000–1550 v. Chr.): Etwa 20 Blausteine werden innerhalb der Trilithen aufgestellt. Löcher (Y- und Z-Löcher) werden um den äußeren Sarsenkreis gegraben, bleiben aber offenbar ungenutzt.
IIIc (ca. 1500–1100 v. Chr): Die Blausteine werden umgebaut und die Straße beträchtlich verlängert.

Der Barber Stone, Teil von *Avebury Henge*, dem größten erhaltenen neusteinzeitlichen Steinkreis der Welt. Dieser Stein steht im nordwestlichen Quadranten des äußeren Kreises.

AVEBURY
ENGLAND

Avebury Henge in Wilthshire gehört zu den ungewöhnlichsten neusteinzeitlichen Monumenten der Welt. Obwohl weniger bekannt als das 32 km entfernte Stonehenge, ist der Avebury-Komplex um einiges größer und eine der besterhaltenen neolithischen Anlagen, die sich fast übergangslos in die natürliche Topografie einfügt.

Avebury Henge, der größte Steinkreis der Welt, umfasst die Hälfte des Ortes und ist der bekannteste Teil der Kultstätte. Der Graben um den Steinkreis, der ursprünglich eine Tiefe von 10 Metern hatte, ist nach wie vor sehr eindrucksvoll, obwohl er mit der Zeit aufgefüllt wurde. Er umschließt eine Fläche von 11,5 Hektar. Die heute noch stehenden Steine säumen den inneren Rand des Walls. Innerhalb dieses riesigen Kreises mit 347 Metern

Durchmesser befinden sich die Überreste
zweier kleinerer Steinkreise. Das Zentrum
des südlichen Kreises wurde durch einen
Stein mit 6 Metern Höhe und 2,5 Metern
Umfang markiert, den „Obelisk". Er war
schon 1723, als der Altertumsforscher
William Stukeley ihn skizzierte, umgefallen; später wurde er zerteilt und weg-
gebracht. Seine ursprüngliche Position
markiert ein Betonsockel, der in den 30er
Jahren errichtet wurde.

Überreste einer großen Steinstraße, der
„Kennet Avenue", führen vom Südeingang
des Steinkreises 1,6 Kilometer südwärts zu
einer riesigen hölzernen Pfahlkonstruktion
am Fluss Kennet und dann östlich davon
den Overton-Hügel hinauf zum „Heiligtum". Ursprünglich bestand dieses offenbar
aus Holzbauten oder rituellen Pfählen,
ähnlich Totempfählen, letzlich jedoch aus
einem Steinkreis. Sein Zweck ist unbekannt, aber es mag sich dabei um Begräb-
nisriten gehandelt haben, da menschliche
Gebeine und Hinweise auf Feste gefunden
wurden.

KULTSTÄTTEN

Avebury

Der Steinkreis von Avebury entstand vermutlich um 2600 v. Chr., aus derselben Periode wie der 1,6 km westlich davon gelegene Silbury Hill, der auch zum Avebury-Komplex gehört. Silbury ist ein künstlicher Hügel mit flachem Gipfel und einem Unterbau aus Kalk. Mit seinen 40 Metern Höhe ist es das höchste prähistorische Monument dieser Art in ganz Europa. Ausgrabungen in den Jahren 1969–1970 zeigten, dass es sich dabei um eine neusteinzeitliche Stätte handelte, die, entgegen der vorherigen Annahme, keine Grabkammer enthielt. Allerdings fanden die Archäologen in seinem Inneren 5 000 Jahre altes Gras – immer noch grün – und fliegende Ameisen. Auch wenn wir den genauen Baubeginn von Silbury nicht kennen, können wir daraus schließen, dass er zwischen Juli und August lag! Nur 400 m östlich von Silbury befindet sich ein

Luftansicht von Avebury, die die bemerkenswerte Wall-Gruben-Konstruktion am äußeren Rand des Steinkreises zeigt. Die erhaltenen Steine des inneren Südkreises wie auch die des äußeren Kreises an der Südseite sind klar erkennbar.

KULTSTÄTTEN

natürlicher Grat, der so genannte Waden Hill, der fast genau die gleiche Höhe wie Silbury aufweist. Südlich von Silbury liegen West und Ost Kennet, die Langgräber, die zu den ältesten Teilen Aveburys gehören. West Kennet wurde auf ca. 3600 v. Chr. datiert und war sicherlich kein normales Grab. An seinem östlichen Ende befindet sich eine Megalith-Fassade und ein Eingang, von dem ein Gang zu einer Steinkammer im Hügel führt. In einer Seitenkammer des Gangs fand man säuberlich sortierte menschliche Gebeine, die eventuell von einem Ahnenkult zeugen. Zur Zeit, als Silbury und der Steinkreis in Verwendung waren, wurde das Hügelgrab mit einem Megalith verschlossen. Allerdings nehmen die Kammern nur einen kleinen Teil des Hügels ein, der sich über 100 m zieht und durchschnittlich 3 m hoch ist. Man nimmt zwar an, dass er früher kürzer war, doch die Gründe für eine Verlängerung sind ein weiterhin ein Rätsel, obwohl eine Theorie (siehe S. 261–262) sie mit Peillinien in Verbindung bringt.

Avebury

KULTSTÄTTEN

Avebury

In der Umgebung von Avebury befindet sich nördlich des Grabens Windmill Hill ein natürlicher Hügel, auf dem schon vor etwa 4000 Jahren, als noch keine Steine errichtet waren, Menschen aus uns unbekannten Gründen zusammenkamen.

Durch dieses heilige Areal fließt der Fluss Kennet, dessen Quelle rund 800 m von Silbury entspringt. Der Quelle, die im Winter versiegt und im Februar erneut der aufgehenden Sonne entgegen zu fließen beginnt, sagte man Heilkräfte nach.

Bis vor kurzem hatte man noch keine astronomischen Erkenntnisse über Avebury. Das Langgrab West Kennet war am Sonnenaufgang zur Tagundnachtgleiche ausgerichtet, aber dies könnte durch seine Ost-West-Orientierung auch purer Zufall sein. Verschiedene Forscher suchten nach astronomischen Deu-

Die Karte zeigt den Avebury-Komplex mit Peillinien (blaue Pfeile) zu Silbury vom Steinkreis, zu zwei der Langgräber und zum Heiligtum. Die West Kennet Straße wird als braungepunktete Doppellinie dargestellt.

260

KULTSTÄTTEN

Der Grundriss des Steinkreises von Avebury zeigt die Positionen der erhaltenen, umgefallenen und verschwundenen Steine. Der innere Nordkreis und Südkreis werden durch gepunktete Linien angedeutet. Blasse Bereiche stehen für Straßen und Gebäude.

tungen, und 1989 wurde vom Verfasser selbst eine neue Theorie vorgeschlagen. Es scheint, dass Silbury Hill, und nicht der Steinkreis, das Zentrum des Avebury-Komplexes war. Es war wie die Nabe eines Rades, um die sich der Steinkreis, das Heiligtum, die zwei Langgräber und ein weiteres bei Backhampton gefundenes Hügelgrab legten. Betrachtet man Silbury von den verschiedenen Plätzen aus, dann ergibt sich eine bemerkenswerte Koinzidenz: Der Horizont schneidet immer das Profil von Silbury Hill zwischen seinem flachen Gipfel und den Überresten eines Vorsprungs, der etwa 5 m unter dem Gipfel liegt und der nie zuvor erklärt wurde.

Avebury

Vom Obelisk aus betrachtet sieht man Silbury nur zwischen dem fernen Horizont und dem Hang von Waden Hill im Vordergrund. Diese

LEGENDE

◦ stehender Stein
△ umgefallener Stein
▫ geschätze Lage der Steinlöcher
+ durch Sockel markiertes Steinloch

261

Peillinie mag von der Ernte abhängen, da das Getreide in seiner vollen Höhe Silbury völlig verdeckt. Die Getreidesorten, die im neusteinzeitlichen Avebury wuchsen, waren relativ hoch und verdeckten zur Erntezeit wahrscheinlich völlig die Sicht. Das mag den Baubeginn von Silbury zwischen Ende Juli und Anfang August, was der traditionellen Erntezeit (Lammas im christlichen, Lughnasa im keltischen Kalender) entspricht, erklären. Michael Dames meinte, Silbury könnte ein Erntehügel in der Nähe der Kennet-Quelle gewesen sein und die gütige Mutter Erde symbolisiert haben.

Die zuvor angesprochene Koinzidenz bezüglich der Schnittstelle des Horizonts mit Silbury Hill konnte man nur vom westlichsten Punkt des Langgrabs West Kennet sehen. Die Archäologen vermuten, dass die Verlängerung des Hügelgrabs erst zur Zeit der Errichtung von Silbury und des Steinkreises stattfand. Erklärt dies, warum das Hügelgrab verlängert wurde? Weiters wird der Horizont, der Silbury von diesem

Silbury Hill   *Silbury Hill*

Punkt aus kreuzt, von der Kontur von Windmill Hill gebildet. Diese Peillinie verbindet somit alle Perioden, die der Avebury-Komplex umfasst.

Was ist der Grund für diese Koinzidenz? Was ist die Bedeutung des Vorsprungs auf Silbury? Blickt man vom Gipfel von Silbury nach Osten, sieht man im Vordergrund groß Waden Hill und nur wenig darüber die Marlborough Downs am fernen Horizont. Der Verfasser erkannte, dass Silbury gerade hoch genug lag, um den nahen und fernen Horizont trennen zu können und dass die Konturen von Waden Hill denen des hinteren Horizonts unglaublich ähnelten. Nur an einer Stelle weist der hintere Horizont

Zwei Ansichten von Silbury Hill, wenn man vom Obelisk im Steinkreis von Avebury südwärts blickt (links von Osten, rechts von Westen). Im Vordergrund sieht man Stein 102 (siehe Karte S. 261). Waden Hill verdeckt aus dieser Position den Großteil von Silbury, besonders zur Erntezeit, wenn das Getreide hoch steht.

Avebury

263

KULTSTÄTTEN

Avebury

einen Einschnitt auf. Betrachtet man dies von dem Vorsprung in der Nähe des Gipfels von Silbury, decken sich vorderer und hinterer Horizont genau, der Einschnitt aber verschwindet. Man hatte offenbar berechnet, dass dieser Teil ein „Fenster" für den Sonnenaufgang um die Zeit um Lammas/Lughnasa (und auch beim keltischen Beltane um den 1. Mai, wo die Sonne an derselben Stelle aufgeht) bot: Man konnte daher den Sonnenaufgang zwei Mal sehen, einmal vom Gipfel aus und einmal vom Vorsprung aus.

Beobachtungen vom 1. August 1989 zeigten, wie eindrücklich dieser Effekt ist. Vom Gipfel aus ging die Sonne am Horizont auf, dann, vom kleinen Vorsprung aus gesehen, schien sie wenig später nochmals aufzugehen. Aber es gab noch

KULTSTÄTTEN

eine Überraschung. Westlich vom Gipfel schien ein langer goldener Lichtstrahl aus dem Schatten des Hügels herauszuwachsen – als würde Silbury als Symbol der Erdmutter das Land segnen. Dieser Effekt ist eine optische Täuschung aufgrund der Lichtbrechung des Taus. Er tritt auch auf, wenn man mit dem Rücken zum Sonnenaufgang in einem Feld steht: Um den Schatten des Kopfes legt sich eine Art „Heiligenschein". Der „Heiligenschein von Silbury" ist eine vergrößerte Form dieses Effekts und kann nur durch die „Sonnenaufgangs-Fenster" bei Lammas/Lughnasa und Beltane auftreten. Dies legt nahe, dass Silbury die Mutter Erde repräsentierte und Himmel und Erde in kosmologischer Symbolik innerhalb des heiligen Gebiets von Avebury vereinte.

Avebury

Illustration des „doppelten Sonnenaufgangs" am Silsbury Hill zur Erntezeit (Lammas/Lughnasa) und um den 1. Mai (Beltane): Vom Gipfel des Hügels (hier schematisch dargestellt), geht die Sonne über dem hinteren Horizont auf. Geht man zum Vorsprung hinunter, geht sie über der Kuppe von Waden Hill ein paar Minuten später nochmals auf.

1. Sonnenaufgang über dem hinteren Horizont

2. Sonnenaufgang über Waden Hill

← Sonnen-aufgangs-fenster →

KULTSTÄTTEN

Castlerigg

CASTLERIGG
ENGLAND

Der Lake District im Nordwesten Englands
ist für seine wunderbaren Seen und Hügel
bekannt. In der Nähe von Keswick liegt
Castlerigg, ein Steinkreis, der mindestens
vier Jahrtausende alt ist. Sein größter
Durchmesser beträgt 33,5 m (er ist abge-
flacht), und von seinen 38 Steinen stehen
heute noch 33. Zehn Steine formen einen
kleineren inneren Kreis.

Alexander Thoms Studie über Castlerigg
erfasste sieben solare und lunare Peillinien.
Er war davon überzeugt, dass die Form des
abgeflachten Kreises, die er auch schon bei
anderen Stätten beobachtet hatte, beab-
sichtigt war. Am beeindruckendsten war die
Fähigkeit der Erbauer, diese Peillinien
in diesen Grundriss zu

Latrigg

Castlerigg

KULTSTÄTTEN

integrieren, da der Horizont durch die hügelige Landschaft sehr verschiedene Höhen aufweist, sodass der Auf- und Untergang der Sonne und des Mondes zeitlich stark variieren kann.

1976 stellte der Fotograf John Glover seine Kamera in den Kreis, um den Sonnenuntergang zur Sommersonnenwende über der Hügelkette Latrigg aufzunehmen. Zu seiner Verwunderung sah er, wie die untergehende Sonne hinter dem größten Stein einen langen, regelmäßigen „Schattenpfad" warf. Das liegt daran, dass die Neigung der Hügelkette zum Fuß des Steins über den Abhang über die Stätte hinaus weiterverläuft. Dieser Abhang verlängert den Schatten derart, dass er eine Länge von mehr als 3 km erreichen kann. Es bleibt im Dunklen, ob die Erbauer den Platz, wo sie den variablen Horizont, die Astronomie und die Geometrie des Grundrisses vereinten, einfach fanden oder ob sie den Abhang bewusst konstruierten.

Der Steinkreis von Castlerigg bei Sonnenuntergang zur Wintersonnenwende. Die Steine kommen aus der Umgebung, der größte von ihnen ist ca. 2 m hoch und wiegt etwa 5 Tonnen.

Bei Sonnenuntergang zur Sommersonnenwende über Latrigg wirft der größte Stein von Castlerigg einen riesigen Schatten über den Hügel. Größe und Neigung sind hier zur Klarheit stark überzeichnet.

Schattenpfad

KULTSTÄTTEN

MAES HOWE
SCHOTTLAND

In der windgepeitschten Landschaft von Mainland, der größten der Orkney-Inseln im Norden Schottlands, liegt Maes Howe, ein prähistorisches Kuppelgrab. Ein Gang führt zu einer Kammer mit erstaunlich gut erhaltenen, kunstvollen Steinarbeiten. Sie weist kleine Nischen auf, in denen keine Funde gemacht wurden, das Grab wurde allerdings mehrmals geplündert. Die Wikinger zum Beispiel ritzten Runen und einen wunderschönen Drachen in die Mauer. Der Gang von Maes Howe richtet sich am Sonnenuntergang zur Wintersonnenwende aus, wo die letzten Strahlen der Sonne die Kammer in ein goldenes Licht tauchen.

1894 bemerkte Magnus Spence, ein Lehrer auf Orkney, diese Ausrichtung des Ganges. Ebenso erkannte er, dass die Verlängerung dieser Achse durch Barnhouse, einen hoch aufgerichteten Stein, führt, den man vom Eingang von Maes Howe sieht. Er entdeckte weiters, dass sowohl

KULTSTÄTTEN

Barnhouse, Watchstone (ein Monolith) als auch die Mitte des Steinkreises von Brogar eine Peillinie bildeten, die sich am Sonnenaufgang zur Wintersonnenwende orientiert. Zu Spences Zeit entzündete man noch an keltischen Festtagen Feuer auf den Hügeln von Orkney. Spence erkannte, dass einige der Hügel Sonnenauf- und untergangspositionen entlang der oben erwähnten Peillinie markierten. Es schien, als wäre der alte keltische Sonnenkalender in diese Landschaft integriert worden.

Das Kuppelgrab von Maes Howe inmitten seiner wilden Umgebung. Der Gang, der zur Grabkammer führt, orientiert sich am Sonnenuntergang zur Wintersonnenwende und bildet eine Peillinie, die den hohen, aufrecht stehenden Stein Barnhouse kreuzt.

Maes Howe

269

KULTSTÄTTEN

CALLANISH
SCHOTTLAND

Callanish

An der nordwestlichen Küste von Lewis auf den Äußeren Hebriden liegt Callanish, eine prähistorische Kultstätte, die die Poesie des Mondes und seiner Zyklen reflektiert. Der Hauptsitz, Callanish I, besteht aus etwa 50 Steinen, deren Anordnung der eines keltischen Kreuzes ähnelt. Der 13 Steine umfassende zentrale Kreis misst an seiner breitesten Stelle 12,5 m. Darin befinden sich Überreste eines Hügelgrabs. Davon führt eine Steinstraße nach Norden. Im Süden verläuft eine Steinreihe entlang des Nord-Süd-Meridians. Kleinere Steingruppen bilden asymmetrische Peillinien nach Osten und Westen.

Mondbahn bei der großen südlichen Mondwende

Hügelkette „Schlafende Schönheit"

KULTSTÄTTEN

Die Archäoastronomen Gerald und Margaret Ponting fanden heraus, dass zur Zeit der großen südlichen Mondwende (siehe S. 30–31) der Mond auf seiner Reise über den Horizont in flachem Bogen über die Steine von Callanish „streicht". Seine Bahn beginnt bei Pairc Hills (auch „Schlafende Schönheit" oder auf Gälisch *Cailleach Mointeach*, „Die Alte Frau vom Moor", genannt) und endet in der Nähe von Harris: Vom Ende der Callanish-Straße aus wirkt dies, als würde er in die Steine des Kreises eintauchen. Das Forscherpaar fand auch den Grund für das charakteristische „Wiederaufleuchten" des Mondes in diesem Gebiet: Wenn er bereits hinter den Hügeln verschwunden ist, blitzt er bei den Hügeleinschnitten erneut hervor.

Die Mondbahn zur großen südlichen Mondwende vom Ende der Steinstraße von Callanish aus betrachtet. Alle 18,6 Jahre wird der Mond symbolisch von der Erdmutter, der Hügelkette mit dem Namen „Schlafende Schönheit", wiedergeboren und stirbt im heiligen Steinkreis. Das Wiederaufleuchten des Mondes ergibt sich aus Einschnitten in den Hügeln, zwischen denen er am Horizont noch einmal kurz aufleuchtet.

Callanish

KULTSTÄTTEN

LOUGHCREW
IRLAND

Loughcrew

Die beiden Hügelgräber von Loughcrew in der Nähe von Oldcastle im County Meath erhalten nach einer Legende geheimnisvollen Besuch von der Sonne: Demnach war Loughcrew der Friedhof von Tailtjy, der Ziehmutter des Sonnengottes Lugh. Diese neusteinzeitlichen Grabkammern bestehen aus Steinhaufen, die etwa 5 km entlang des Grats der Loughcrew-Hügel verstreut liegen.

Das wichtigere der beiden Gräber ist Cairn T auf Carbane East. Es hat einen Durchmesser von 36,5 m und war ursprünglich in weißen Quarz gekleidet. Vom nach Südosten gerichteten Eingang führt ein Gang in die Hauptkammer mit

Einige Tage um die Tagundnachtgleiche laufen rechteckige Lichtfelder über den Stein 14, bis der Sonnenstrahl genau das zentrale Sonnensymbol einfängt.

drei Seitenkammern. Die Hauptkammer und der Gang sind mit reich verzierten Steinen ausgestattet. Darunter fällt Stein 14, der, reich mit Sonnenmotiven versehen, in der hinteren Nische der Hauptkammer liegt, besonders auf.

Der nordamerikanische Forscher Martin Brennan entdeckte 1980, dass in den Tagen um die Äquinoktien Sonnenstrahlen in den Gang bis zu Stein 13 (der ein kleines Sonnenzeichen trägt und in den Gang ragt) vordringen, bis sie plötzlich durch die Hauptkammer hindurch auf Stein 14 scheinen. Durch die Anordnung der Steine im Gang und einen horizontalen Schwellenstein knapp vor Stein 14 erscheint der Lichtstrahl in ziemlich regelmäßiger rechteckiger Form. Wenn die Sonne aufgeht, läuft dieses Lichtfeld langsam die Vorderseite von Stein 14 hinab, um schließlich das vollständigste aller Sonnensymbole einzufangen. Dessen acht Strahlen mögen für die acht bedeutenden Punkte des Sonnenjahres stehen: die Tagundnachtgleichen, die Sonnenwenden und die

„Viertel-halbierenden Tage" wie Imbolc, Beltane, Lughnasa und Samhain im alten keltischen Kalender (Anfang Februar, Mai, August und November). Brennan stellte auch fest, dass die Form des Lichtfeldes aufgrund des Einfallswinkels der Sonne im Frühling anders als im Herbst war.

Tim O'Brien führte von 1986 bis 1990 weitere Beoachtungen durch und fotografierte das Licht, wie es Stein 14 durchläuft. Er bemerkte um das Hauptsymbol senkrechte Linien, die – ähnlich Messlinien – in regelmäßigen Abständen von waagrechten Linien gekreuzt werden. Die waagrechten Linien markierten die Ränder des Lichtfeldes auf seiner täglichen, senkrechten Wanderung über den Stein. Er bestätigte somit, dass die Sonnenstrahlen nur an den Tagen um die Äquinoktien den Stein erreichen konnten und die Erbauer die Sonnenbewegung mit ausreichender Genauigkeit vermessen hatten, um den vierjährigen Rhythmus der Schaltjahre einzurechnen.

KULTSTÄTTEN

NEWGRANGE
IRLAND

Newgrange, ein gigantisches Kuppelgrab im County Meath, geht auf mindestens 3200 v. Chr. zurück und gehört zu den ältesten überdachten Konstruktionen der Welt. Früher nannte man das Grab *Bru na Bóinne*, „Palast am Boyne". Denn man glaubte, dass die „alten Herren des Lichts" dort lebten, eine Assoziation, die darauf zurückzuführen ist, dass der Sonnenaufgang zur Wintersonnenwende dort stattfindet. Das Grab mit einem Durchmesser von 90 Metern ist 11 Meter hoch. Seine Grundfläche wird von insgesamt 97 Rand-

Newgrange

Grundriss des Kuppelgrabs, der den Gang ins Innere und den Einfall des Lichtstrahls bei aufgehender Sonne zur Wintersonnenwende zeigt.

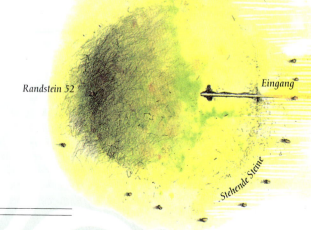

Randstein 52 *Eingang*

Stehende Steine

KULTSTÄTTEN

steinen begrenzt, von denen drei Gravuren tragen. Randstein 1, reich mit Spiralen und Rauten verziert, liegt an der südöstlichen Seite des Grabs, wo ein Gang über 19 Meter ins Innere des Monuments und dort zu einer 6 Meter hohen Steinkammer mit

QUERSCHNITT

Steinbecken

GRUNDRISS

Gravur einer dreifachen Spirale auf dem hintersten Stein

KULTSTÄTTEN

Querschnitt und Grundriss von Newgrange, die den Einfall des Lichtstrahls durch die Dachöffnung über den Gang bis zum letzten Grundstein der hintersten Nische zeigen.

drei Nischen oder Nebenkammern führt. Der stetig vom Eingang bis zur Kammer ansteigende Gang ist etwa 1,5 Meter hoch und wie die Nischen reichlich mit Steingravuren verziert. In der letzten Nische befindet sich eine sehr berühmte Gravur aus drei Spiralen. Die Gesamtkonstruktion ist von einem großen, leider unvollständigen Steinkreis umgeben.

1909 erklärte Sir Norman Lockyer, dass Newgrange (damals eine Ruine) sich an der Wintersonnenwende ausrichtet. Aus-

Newgrange

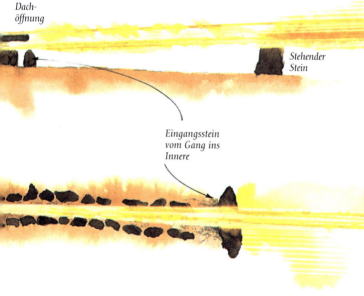

Dachöffnung

Stehender Stein

Eingangsstein vom Gang ins Innere

KULTSTÄTTEN

Newgrange

grabungen, die 1962 bis 1975 unter Michael J. O'Kelly durchgeführt wurden, legten eine rechteckige Öffnung über dem Eingang des Gangs offen. O'Kelly vermutete, dass dies dazu diente, Sonnenlicht in die Kammer zu lassen: Zieht man eine Linie von der hintersten Nische zu der Dachöffnung, dann erhält man eine Peillinie zur Wintersonnenwende vor 5 000 Jahren. Aufgrund der Steigung des Ganges und der Anordnung der ihn begrenzenden Steine kann kein direktes Sonnenlicht in die Kammer gelangen.

Am 21. Dezember 1969 konnte O'Kelly als erster Mensch der Neuzeit das Phänomen des Einfalls der Sonne in Newgrange beobachten. Ein hauchdünner Lichtstrahl schoss durch die Dachöffnung und weiter über den Boden der Kammer bis zum Grundstein der hintersten Nische. Da sich über die Jahrtausende der Sonnenaufgang zur Sonnenwende räumlich etwas

Der Stein am Eingang und die Dachöffnung. Die gravierten Muster sind gut zu sehen, nur die vertikale Linie, die den Stein halbiert, ist sehr schlecht zu erkennen.

278

KULTSTÄTTEN

verschoben hatte, konnte der Strahl nicht das hinterste Ende der Nische erreichen. Aber das mindert nicht im Geringsten den Effekt. „Das Grab war 17 Minuten lang dramatisch erleuchtet", beschrieb O'Kelly.

Newgrange

Weitere Forschungen von Tim O'Brien enthielten eine Fotostudie, die den Lauf des gebündelten Sonnenstrahls, gleich einem leuchtenden Uhrzeiger, festhält. Er fand heraus, dass zwei aneinanderlehnende Steine am Gang gemeinsam ein Dreieck bilden, das das einfallende Licht formt. Schließlich bewies 1989 der Astronom Tom Ray anhand einer Statistik, dass dieser Effekt zur Wintersonnenwende nicht auf Zufall beruhen könne.

Ein Ausschnitt der Spiralzeichen (möglicherweise Sonnenzeichen) auf Randstein 52.

KULTSTÄTTEN

GAVRINIS
FRANKREICH

Das Kuppelgrab von Gavrinis liegt auf
einer kleinen Insel gleich südlich der
Bretagne am Golf von Morbihan. Dieser
war, bevor er überflutet wurde, in
der Neusteinzeit eine fruchtbare
und reich bevölkerte Fluss-
ebene. Man datiert das

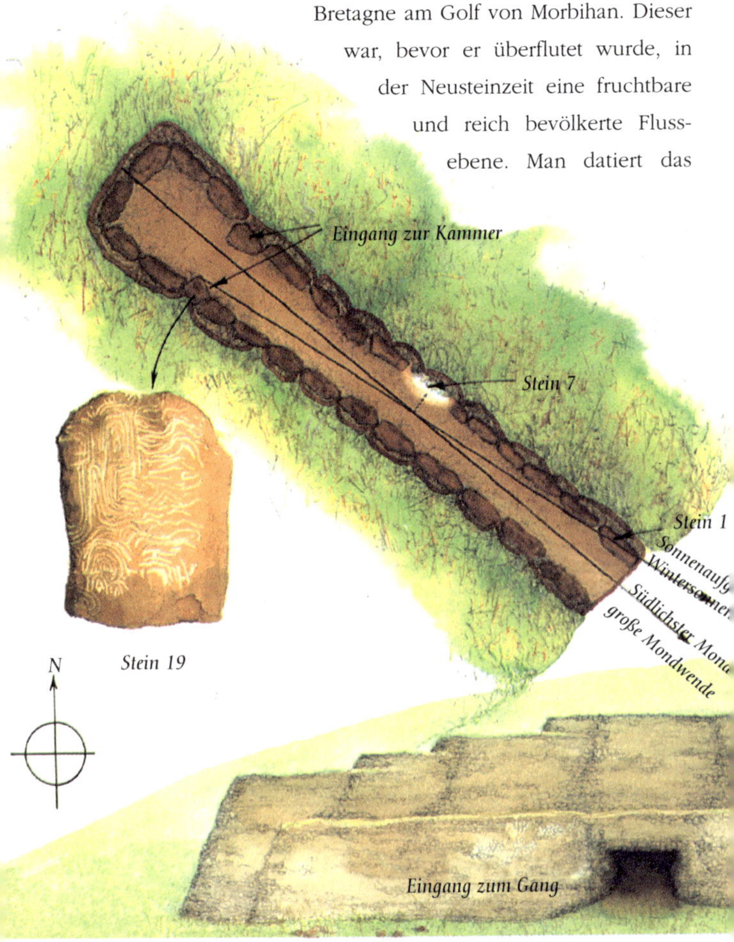

Eingang zur Kammer

Stein 7

Stein 1

Sonnenaufg.
Wintersonnen
Südlichster Mond
große Mondwende

N

Stein 19

Eingang zum Gang

KULTSTÄTTEN

GEGENÜBER Ein Plan der Kammer von Gavrinis zeigt die solaren und lunaren Peillinien, den Quarz Stein 7 und die Gravur von Stein 19 beim Eingang des Ganges.

UNTEN Frontaler Querschnitt des Kuppelgrabs von Gavrinis. Der gesamte Steinaufbau ist unterirdisch, nur der Eingang des Ganges ist von außen sichtbar.

felsige, 8 m hohe Kuppelgrab auf ca. 3500 v. Chr. Ein 2 Meter hoher und 12 Meter langer Gang führt in eine rechteckige Kammer. Am eindrücklichsten ist wahrscheinlich das dichte Linienmuster, das 23 der 29 aufrechten Steine, die die Wände des Ganges und der Kammer formen, bedeckt. Die Motive enthalten auch konzentrische Kreise und Kurven, Zickzack- und Wellenmuster sowie Dreiecksformen.

Manche Experten wollten in diesen Mustern stilisierte Göttinnen, Axtbeile und Farne erkennen, aber in erster Linie erinnert das Ganze an die „psychedelische" Kunst der 1960er Jahre. Manche Archäologen nehmen an, dass diese Muster Abbilder von optischen Effekten darstellen, die das Gehirn bei einer halluzinogenen Trance hervorruft. Daher werden bisher unbestimmte Tongefäße als Räucherschalen für Cannabis gedeutet. Diese Muster hatten vielleicht magische Bedeutung und wurden daher in Stein verewigt.

Gavrinis

KULTSTÄTTEN

Gavrinis

Blickt man vom Gang links des Eingangs zur Kammer in Richtung Stein 1 des Eingangs zum Gang, ergibt sich eine Peillinie zum Sonnenaufgang zur Wintersonnenwende. Die Hauptachse des Ganges orientiert sich jedoch an der großen südlichen Mondwende. Diese solaren und lunaren Linien kreuzen einander in der Mitte des Ganges, auf der Höhe von Stein 7 – einem der wenigen unverzierten Steine. Dieser Stein ist aus Bergkristall und leuchtete wahrscheinlich zu den bezeichneten Zeiten im Lichtschein der Sonne oder des Mondes. Die Wirkung dieses Effektes muss unglaublich gewesen sein, besonders wenn die Betrachter in Trance waren. Die Astronomie ist daher nur als eine Komponente eines bestimmten spirituellen und rituellen Umfeldes zu betrachten.

KULTSTÄTTEN

ER GRAH
FRANKREICH

Er Grah ist auch als *Le Grand Menhir Brisé*
(„Der große zerbrochene Menhir") oder
Pierre de la Fée („Feenstein") bekannt. Er
liegt auf einer Halbinsel in der Bucht von
Quiberon in der Bretagne. Der einst mehr
als 20 m lange Koloss liegt nun in vier
Stücke zerbrochen, von denen die Spitze
nach Osten weist. Sein fast ovaler Querschnitt deutet auf seine Bearbeitung hin.
Das Gesamtgewicht diese Steinblöcke
wird auf 342 Tonnen geschätzt. Der Stein
aus hartem Granit kommt nicht aus der
Nähe, die nächstgelegene Möglichkeit
befindet sich 4 km entfernt. Niemand
weiß, wann der Megalith umgefallen ist.
Manche vermuten, dass er durch ein
Gewitter oder Erdbeben umgeworfen
wurde oder schon bei seiner Errichtung
umfiel und zerbarst.

Falls Er Grah jemals aufrecht war, dann
wäre er der höchste stehende Stein aller
Zeiten gewesen. Professor Alexander Thom

KULTSTÄTTEN

Er Grah

war sicher, dass der Stein der astronomischen Beobachtung (siehe S. 244) der acht extremen Auf- und Untergangspositionen der kleinen und großen Mondwenden im Mondzyklus gedient hatte, da er von allen Punkten der Bucht gesehen werden konnte. Thom und sein Team untersuchten die acht Richtungen, entlang denen Sichtlinien vermutet werden konnten und bestätigten, dass der Stein von dort aus sichtbar war. Es ließen sich jedoch nur fünf mögliche Beobachtungspunkte eruieren, von denen sich einer schon als falsch herausgestellt hat.

Kritiker wiesen darauf hin, dass es derart viele Überreste von Megalithen in der Region gäbe, dass viele davon nur zufällig in eine vermutete Peillinie von Er Grah fallen könnten. Andere merkten an,

KULTSTÄTTEN

Thoms Beobachtungspunkte seien so grundverschieden (von Ganggräbern bis zu frei stehenden Steinen), dass nicht alle absichtlich als Beobachtungspunkte errichtet worden seien. Gültig oder nicht, Thoms Hypothese ist bislang der einzige Versuch, das Rätsel um Er Grah zu erklären.

Das Gebiet um Er Grah und die angeblichen Beobachtungspunkte, die von Thom und seinem Team gefunden wurden. Der Stein war von weiter Ferne aus zu sehen.

KULTSTÄTTEN

DIE EXTERNSTEINE
DEUTSCHLAND

Die Externsteine bestehen aus einer Gruppe fünf verwitterter Sandsteinmegalithen mit etwa 30 m Höhe. Die ein wenig wie ein Ungeheuer anmutenden Kolosse stehen im Teutoburger Wald in der Nähe von Detmold im nördlichen Nordrhein-Westfalen.

Einige Forscher glauben, dass diese vor der Christianisierung durch Karl den Großen im Jahr 772 n. Chr. eine heidnische Kultstätte darstellte. Man sagt dem Kaiser auch nach, er hätte das dort befindliche Abbild des

Mondaufgang; große Mondwende

Sonnenaufgang zu Sommersonnenwende

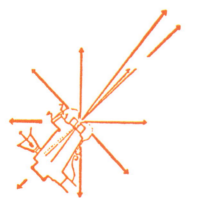

Ein Plan aus den 1920er Jahren von Wilhelm Teudt, der die Ausrichtung des Kapellenfensters am Sonnenaufgang zur Sommersonnenwende und der großen Mondwende verdeutlicht.

KULTSTÄTTEN

heidnischen „Lebensbaumes" zerstört. Andere glauben, es handle sich um eine frühchristliche Kultstätte. Was auch immer davon stimmt, die Stätte ist ein bizarrer Anblick mit in Sandstein gehauenen Stufen, die nirgendwohin zu führen scheinen, einem sarkophagähnlichen Element an einem der Felsen und den Höhlen oder „Räumen", die den unteren Bereich der Steine säumen.

Die Verwendung als relativ junge heidnische Kultstätte scheint wahrscheinlich, da ein Felsüberhang aus einem gewissen Sichtwinkel einen mit erhobenen Armen an den Fels gefesselten Mann erkennen lässt. Es könnte sich dabei um den germanischen Gott Odin handeln, der am Weltenbaum hängt. Kritiker meinen, es handle sich dabei um eine natürliche Form, man weiß jedoch, dass er vor langer Zeit behauen wurde, vermutlich um seine menschlichen Züge zu verstärken.

Offensichtlich wurde die Stätte später christianisiert, da ein anderer Stein ein Relief der Kreuzabnahme Christi trägt, in dem

Die Externsteine

KULTSTÄTTEN

Die Externsteine

Christus auf einem liegenden Lebensbaum
steht – wie um den Sieg der Christen über
die Heiden zu symbolisieren.

Das bemerkenswerteste Merkmal ist
eine in den mittleren Stein, die so genannte Turmsäule, gehauene Kapelle. Sie kann
heidnisch gewesen und im Zuge der
Christianisierung zerstört worden sein oder
auch frühchristlichen Ursprung haben.
Eine Nische im Nordosten der Kapelle
enthält einen kleinen „Altar" vor einem
runden Fenster. 1823 hatte man von der
gegenüberliegenden Nische aus gesehen,
dass die aufgehende Sonne zur Sommersonnenwende durch dieses Fenster fiel. Da
heute Mauern und Dach fehlen, ist dieser
Effekt nicht nachvollziehbar, aber im
Dunklen der Kapelle muss dieser sehr eindrücklich gewesen sein. Auf dem Altar
befindet sich ein Schlitz, in den vielleicht
ein Kristall oder eine Sonnenuhr passte,
die Lichtstrahlen oder Schatten in die
Nische werfen könnten. Es heißt auch, das
Fenster würde auf den nördlichsten Punkt
des aufgehenden Mondes weisen.

DIE GROSSE PYRAMIDE
ÄGYPTEN

Die große Pyramide war das Grabmal von Cheops, der, wie alle ägyptischen Pharaonen, als göttlich galt. Seine Mumie lag in der „Königskammer".

Die große Pyramide, eines der sieben Weltwunder des Altertums, steht mit den anderen Pyramiden auf dem Gizeh-Plateau südwestlich von Kairo. Das riesige Bauwerk muss ursprünglich noch majestätischer gewirkt haben, als es noch in schimmernden weißen Stein gekleidet und mit einer goldenen Spitze, die die Sonnenstrahlen einfing, versehen war. Die Pyramide hat seither dem Betrachter Rätsel aufgegeben und zu zahllosen Theorien und Phantasien – mit oder ohne wissenschaftlichem Hintergrund – angeregt. Es gibt wenig harte Fakten, die ihre astronomische Funktion betreffen. Wie die nahe Sphinx hütet sie ihre Geheimnisse gut.

Die Pyramide wurde etwa 2600 v. Chr. als Grabmal des Pharaos Cheops der vierten Dynastie erbaut. Die legendäre Genauigkeit ihrer Konstruktion ist vollkommen gerechtfertigt: Die Nord- und Südseite stehen in einer nahezu exakten Nordwestrichtung, und obwohl die Grundfläche der Pyramide mehr als 5 Hektar ausmacht, überschreitet die Abweichung der Seitenlängen nie mehr als 20 cm. Da sich

KULTSTÄTTEN

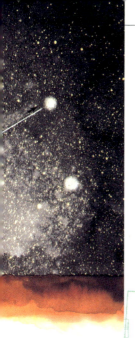

Ein Querschnitt, der die stellaren Peillinien der Schächte zeigt. Der Südschacht orientiert sich an Zeta Orionis im Gürtel des Orion; der Nordschacht an Thuban – dem Polarstern der alten Ägypter.

die vier Seiten der Pyramide dermaßen exakt an den Himmelsrichtungen orientieren, muss man annehmen, dass die alten Ägypter zu präzisen astronomischen Messungen und deren Übertragung auf die Erde fähig waren. Die tief im Inneren der Pyramide gelegene Königskammer ist gleichermaßen an den Himmelsrichtungen ausgerichtet.

Die inneren Gänge und Schächte der großen Pyramide wurden ebenso genau untersucht. Das Team von Professor Alexander Badawy und Dr. Virginia Trimble, das Ägyptologen und Astronomen umfasste, schlug 1964 vor, dass die mit der Königskammer verbundenen so genannten „Luftschächte" astronomische und kosmologische Bedeutung hatten. Zwei dieser Schächte führen jeweils durch eine Öffnung in der Nord- und Südwand der Königskammer durch die gesamte Pyramide nach außen. Es gibt kein anderes ägyptisches Grabmal mit einer Lüftung. Das Team fand heraus, dass der Nordschacht am Höchststand des Sternes Thu-

Die große Pyramide

291

KULTSTÄTTEN

Die große Pyramide

ban (Kulminationspunkt) und der Südschacht am Transit der drei Sterne, die den Gürtel des Orion formen, in der Zeit um 2700–2600 v. Chr. ausgerichtet waren. Laut den Pyramidentexten – Begräbnisschriften an den Wänden der Pyramiden der fünften und sechsten Dynastie (ca. 2500–2170 v. Chr.) – war Thuban das Äquivalent des Polarsterns: Seine Beschreibung in der altägyptischen Terminologie als „Unvergänglicher Stern" drückt aus, dass er zirkumpolar, d. h. immer sichtbar war. Genau zu diesem unvergänglichen Stern reiste der Pharao nach seinem Tod, um „die Nacht zu

HYADEN

Epsilon Tauri

Die Knick-Pyramide

Die rote Py

Man nimmt an, dass die Pyramiden von Gizeh ein „irdisches Abbild" von Orion und den Hyaden formen. Der Nil ähnelt auffallend der Milchstraße.

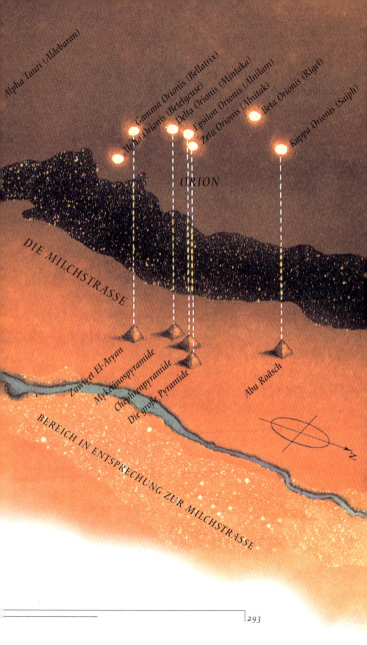

KULTSTÄTTEN

Die große Pyramide

regulieren" und „die Stunden auf ihren Weg zu schicken". Die Seele des Pharaos stieg ebenso zu Orion hinauf, der für die Ägypter Osiris in seinem Zyklus von Geburt, Leben, Tod und Wiederauferstehung symbolisierte. Mit Osiris eins geworden, hielt der Pharao den Lauf der Jahreszeiten aufrecht. Daher vermuteten Badawy und Trimble, dass die Schächte die Reise der Seele des Pharaos in den Himmel ermöglichen sollten.

Der Ägyptologe Robert Bauval gab dieser Idee erneut eine Wendung: Er entdeckte, dass fünf der sieben Pyramiden von Gizeh – Abu Roâsch, die Chephrenpyramide und die Pyramiden von Mykerinos und Zawiyet El-Aryan – offenbar im gleichen Verhältnis zueinander standen wie die Sterne des Orion. Ihre Konfiguration brachte Gott symbolisch zur Erde. Bauval berechnete ebenso, dass der Südschacht sich an Zeta Orionis im Gürtel des Orion ausrichtete und dass die große Pyramide genau diesen auf der „irdischen Sternkarte" repräsentierte.

294

KULTSTÄTTEN

KARNAK
ÄGYPTEN

Karnak ist ein großer Tempel-Komplex um den Amun-Tempel am Nordrand des heutigen Luxor, dem früheren Theben. Theben war vor der Zeit des Mittleren Königreichs (um 2052–1570 v. Chr.) nicht sonderlich bedeutsam, aber es war eine Kultstätte zu Ehren des Gottes Amun. Als der ägyptische Thron im Mittleren Reich nach Theben verlegt wurde, gewann die Stadt an Wichtigkeit und der Amun-Tempel wurde ausgebaut, verschönert und zum religiösen Zentrum.

Der Karnak-Komplex besteht aus dem Amun-Tempel und verschiedenen kleineren Tempeln, Schreinen und Kapellen, die alle von einer Lehmziegelmauer umgeben sind, welche ein Gebiet von 1,3 km^2 umschließt, das der Bezirk Amuns genannt wird. Nur wenige Überreste sind aus dem Mittleren Königreich erhalten, das meiste, was man heute sehen kann, geht auf das Neue Königreich zurück (um

KULTSTÄTTEN

Karnak

1580–332 v. Chr.). Von Sphinxen mit Widderköpfen gesäumt, liegt sein Eingang im Westen an der Seite des Nils.

Optisch beherrscht die Hauptachse, entlang derer die Pylonen, Hallen und Schreine der verschiedenen Pharaonen sowie das Heiligtum, der älteste und heiligste Teil des Tempels, stehen, den Amun-Tempel. Ende des 19. Jahrhunderts untersuchte Sir Norman Lockyer diese Achse und erklärte, dass sie über den Nil auf den Son-

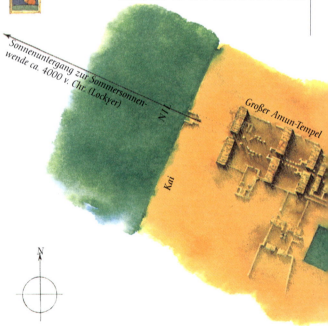

Sonnenuntergang zur Sommersonnenwende ca. 4000 v. Chr. (Lockyer)

Nil

Kai

Großer Amun-Tempel

N

296

KULTSTÄTTEN

Hawkins entdeckte, dass Karnak im Mittleren und Neuen Königreich zum Sonnenaufgang zur Wintersonnenwende ausgerichtet war – nicht, wie Lockyer behauptet hatte, zum Sonnenuntergang zur Sommersonnenwende 4000 v. Chr.

nenuntergang zur Sommersonnenwende um 4000 v. Chr. wies. Er stellte sich vor, wie die untergehende Sonne in das Heiligtum schien und eventuell die Statue von Amun hell erleuchtete. Diese Theorie wurde jedoch 1891 vom Militäringenieur P. Wakefield widerlegt, der erkannte, dass die Hügel vor Theben die Sicht auf den Sonnenaufgang verdecken. 1921 fand F. S. Richards heraus, dass die Peillinie für den Sonnenuntergang zur Sommersonnenwende vor 4000 Jahren zu weit nördlich gezogen war und auf die absurd frühe Zeit um 11700 v. Chr. zutreffen würde.

Der unermüdliche Astronom der Smithsonian Institution, Gerald Hawkins, dachte, dass die Achse eventuell in umgekehrter Richtung Verwendung gefunden hatte. Er entdeckte, dass die unter Thutmosis III. (um 1479–1425 v. Chr.) direkt ans Heiligtum angebaute „Festhalle" die

Karnak

KULTSTÄTTEN

Karnak

Amenhotep III., ein König, der die „Blendende Sonne" genannt wurde, richtete seinen Tempel gegenüber von Karnak mit der aufgehenden Sonne zur Sommersonnenwende aus. Diese Kolosse sind die einzigen Reste davon.

Sichtlinie nach Osten verdeckte und Lockyer sich daher westwärts orientiert hatte. Aber Hawkins fand eindeutige „astronomische Hinweise" in Lobpreisungen „über den Gott, der zur Morgendämmerung erscheint" im Tempel des Hörenden Ohres im Osten, genau hinter der Festhalle. Etwas weiter östlich befindet sich im selben Block der Tempel von Re Hor-achti, welcher die östlichste Konstruktion der Achse vor dem Osttor (Tor von Nektanebo) der Mauer des Tempelbezirks ist. Re Hor-achtis („Sonnengott am Horizont") Name bezieht sich auf den Sonnenaufgang.

298

KULTSTÄTTEN

Bei der Neuerrechnung der Achse ergab sich deren Ausrichtung am Sonnenaufgang zur Wintersonnenwende zwischen 2000 und 1000 v. Chr. Hinsichtlich des immer noch bestehenden Problems der mangelnden Sicht auf die Sonne ergab sich die Lösung durch die Entdeckung einer über dem Heiligtum-Komplex befindlichen Kapelle, die der „Hohe Raum der Sonne" genannt wurde, in der ein Altar aus Alabaster vor einer quadratischen Maueröffnung Re-Hor-achti geweiht war. Diese Öffnung erlaubte eine ungehinderte Sicht auf den Horizont.

1989 fotografierte der amerikanische Astronom Ronald Lane Reese die aufgehende Sonne zur Wintersonnenwende entlang der Achse vom Westeingang bis zum Amun-Tempel. Er beobachtete, wie die Sonne ein paar Minuten nach Sonnenaufgang über dem Tor von Nektanebo „stand". Er war der einzige Zeuge dieses Ereignisses – das allgemeine Bewusstsein muss dieses astronomische Geheimnis Amuns erst entdecken.

Karnak

DENDERA
ÄGYPTEN

Dendera

Ein Bild des Tierkreises an der Decke einer Kapelle in Dendera. Die Tierkreiszeichen sind grün hervorgehoben. Sie sind so angeordnet, wie wir es kennen, im Uhrzeigersinn beginnend beim ersten Zeichen (Widder, rechts).

Der Tempel von Dendera, der 50 km nördlich von Luxor liegt, war der Göttin Hathor geweiht. Der relativ junge, gut erhaltene Haupttempel stammt aus der ptolemäischen Zeit (305–30 v. Chr.), gleicht aber wahrscheinlich seinen Vorgängern.

Inschriften in Dendera und anderen ägyptischen Tempeln zeugen von einem „Fundament-Ritual", bei dem der König ein Band zwischen zwei Stangen spannte, um so das Fundament an einem Stern oder einer Konstellation auszurichten. Bei Dendera wurde das Band am Großen Wagen (im alten Ägypten dem „Vorderfuß des Stieres") ausgerichtet.

Um 1890 stieß Sir Norman Lockyer auf die Überreste eines Isis-Tempels gleich südlich des großen Hathor-Tempels. Er berechnete, dass die Achse des Haupttempels ca. 700 v. Chr. am heliakischen Aufgang des hellsten Sterns, Sirius, der mit der Göttin Isis gleichgesetzt wurde (siehe S. 160–161), ausgerichtet war. Die zwei Göttinnen standen in so enger Beziehung zueinander, dass sie mit der Zeit zu „Isis-Hathor" verschmolzen.

Dendera weist einige astrologische Merkmale auf; das berühmteste darunter ist ein Tierkreis (der einzige dieser Art in ganz Ägypten, welcher dem babylonischen ähnelt) an einer der Kapellen am Ostdach. In einem Flügel des Haupttempels zeigt eine andere Version die Himmelsgöttin Nut über einer außergewöhnlichen Folge von Tierkreiszeichen – ein wichtiges Beispiel dafür, welch wichtige magische und symbolische Rolle Himmelserscheinungen und -körper in der Vorstellungswelt der Ägypter spielten.

Dendera

Mauerzeichnung des Rituals, bei dem eine Schnur zwischen zwei Stangen gespannt wird. Die Göttin (links) und der Pharao (rechts) tragen einen Kopfschmuck mit stellaren und solaren Motiven.

HASHIHAKA
JAPAN

In der Nähe des heiligen Berges Miwayama, der sich über dem Rand der Ebene von Yamato in Zentraljapan erhebt, weisen einige alte Kultstätten astronomische Ausrichtungen auf. Darunter befindet sich das Kuppelgrab Hashihaka, das nur 1,5 km nordwestlich von Miwayama liegt.

Das Grab – gemäß der Form seines Grundrisses – ist im so genannten „Schlüsselloch-Stil" errichtet und, obwohl es noch nicht vollständig ausgegraben wurde, nimmt man an, dass es aus der Kofun-Zeit (300–700 n. Chr.) stammt. Insgesamt erstreckt es sich von Südwesten nach Nordosten über 270 m. Der Kreis des „Schlüssellochs" liegt 27 m über dem an-

Luftaufnahme des Kuppelgrabes von Hashihaka: Das majestätische Grabmal im prägnanten „Schlüsselloch-Stils" weist Peillinien zum Sonnenaufgang zur Sommer- und Wintersonnenwende auf. Heute bedecken Bäume die einstige Stätte aus Stein und Schotter.

KULTSTÄTTEN

deren, flachen Terrain und enthält wahrscheinlich die Grabkammer. Das Monument aus Stein und Schotter ist mittlerweile mit Bäumen bewachsen.

Einst umgab ein See oder ein Wassergraben die Stätte, von dem jetzt zwei große Seen geblieben sind. Der nördliche von ihnen enthält im Nordwesten eine wahrscheinlich künstliche Insel. Stephan Bumbacher fand heraus, dass man von der Insel genau über der Grabkuppel eine hervorstechende Erhebung auf dem Miwayama sieht, die genau den Punkt markiert, an dem die Sonne zur Wintersonnenwende aufgeht: Wenn man diese Achse von einem Plateau auf der Vorderseite aus genau über die Spitze des Grabhügels hinweg verfolgt, so erblickt man die Spitze eines großen Hügels, der etwa 3 km nordöstlich davon liegt.

Bumbacher meint, dass Hashihakas Peillinien auf eine Weltsicht hinweisen könnten, die annahm, dass der Geist des toten Herrschers den Zyklus der Jahreszeiten aufrechterhielt.

Hashihaka

KULTSTÄTTEN

Vijayanagara
INDIEN

Die im 14. Jahrhundert gegründete, 320 km südwestlich von Hyderabad gelegene Stadt Vijayanagara gehörte damals zu den größten Städten der Welt. Sie wurde in der Form eines Mandalas – eines Diagramms des Kosmos, das im Hinduismus und Buddhismus sowohl als Meditationshilfe wie auch als Grundriss für Hindutempel verwendet wird – angelegt. Diese Tempel konnten unter anderem den Berg Meru, den mythologischen Berg im Zentrum der Welt, symbolisieren, über dem der Polarstern, das Zentrum der Himmelssphäre, leuchtet. John M. Fritz meinte, dass die gesamte königliche Stadt von Vijayanagara als heilige Stätte zu sehen sei, da sie dieselben Proportionen eines Mandalas aufweist wie ein klassischer Hindutempel. Er untersuchte mit dem Astrophysiker John McKim Malville mehr als 150 Tempel und Schreine der Stadt und entdeckte, dass sich einige – neben den vielen Nord-Süd-ausgerichte-

304

KULTSTÄTTEN

Vijayanagara

Der Tiruvengalanatha-Tempel: eine Komponente des kosmischen Diagramms der Stadt Vijayanagara.

ten – an nahen Hügeln, die in die kosmischen Muster eingearbeitet wurden, orientierten. Als er eines Nachts von einem Festtor der Stadt die Nord-Süd-Achse entlangblickte, bot sich ihm die beeindruckende Synthese dieser Elemente: Der Polarstern erstrahlte genau über dem Virabhadra-Tempel über dem Hügel Matanga.

305

KULTSTÄTTEN

GAO CHENG ZHEN
CHINA

In der Han-Zeit (25–220 n. Chr.) galt die Stadt Gao Cheng Zhen, südöstlich von Luoyang, als Nabel der Welt. Alte Schriften erzählen, dass dort vor mehr als 2000 Jahren ein Gnomon (ein astronomisches Gerät, um Schattenlängen zu messen) errichtet wurde. Die Schatten sind zu verschiedenen Zeiten und an verschiedenen Orten unterschiedlich lang und können daher zum Messen von Zeit und Entfernung genutzt werden.

725 n. Chr. errichtete der Mönch Yi Xing einen 2,5 m hohen Gnomon in Gao Cheng Zhen, der nur einer aus einer Reihe von über eine Länge von 3 500 km verteilten Schattenmessern war. Dieses System bot genug Variationen, um geografische Entfernungen zu berechnen. Im 13. Jahrhundert erbaute der Astronom Guo Shoujing eine komplexere Vorrichtung in Form eines Pyramidenturms. An seiner Nordseite befindet sich eine lange, unten

Der Pyramidenturm Gao Cheng Zhen ist 12 m hoch. Mithilfe der 37 m langen, geeichten Wand, dem „Himmelsmaß", wurden genaue Kalenderberechnungen durchgeführt.

Himmelsmaß

KULTSTÄTTEN

geeichte Mauer, das so genannte „Himmelsmaß". Der Schatten, den der Turm mittags zur Sommer- und auch Wintersonnenwende wirft, wurde an dieser Wand vermessen und erlaubte Guo, anhand der unterschiedlichen Länge der Schatten die Länge des Jahres relativ genau zu berechnen.

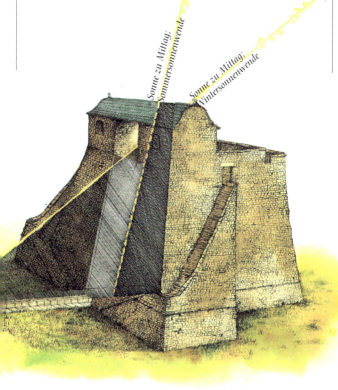

Gao Cheng Zhen

CAHOKIA
USA

Das im Süden von Illinios gelegene
Cahokia stellt die größte prähistorische
Siedlung der Vereinigten Staaten dar. Die
von 700–1500 n. Chr. bewohnte Stadt und
Kultstätte der Mississippikultur erstreckte
sich über 15,5 km^2 und hatte um die 20 000
Einwohner. Die heutigen Überreste um-
fassen 9 km^2, darunter befinden sich 68
Hügelgräber, etwa Monks Mound,
(„Mönchskuppel"), der größte vorzeitliche
Erdbau Nordamerikas.

Ursprünglich gab es mehr als 120
Erdhügel in drei unterschiedlichen Arten:
abgeflachte Plateauhügel, auf denen oft
Tempel errichtet wurden; konische Hügel,
die meist zur Bestattung verwendet wurden; und langgezogene Hügelkämme, die
ebenfalls zur Bestattung, aber primär zur
geografischen Markierung dienten. Fünf
von den insgesamt acht Hügelkämmen
begrenzen das Gebiet von Cahokia, und
die restlichen drei liegen auf einer Achse

KULTSTÄTTEN

mit Monks Mound und bilden damit einen Nord-Süd-Meridian: Cahokia war nach den Himmelsrichtungen ausgerichtet.

Monks Mound in Cahokia ist mehr als 30 m hoch. Diese Aufnahme zeigt den Hügel samt seiner großen, zeremoniellen Treppen von Südosten.

Die Mönchskuppel, die sich in vier Terrassen bis auf 30,5 m erhebt, war das Zentrum der zeremoniellen Kultstätte – das Zentrum der vier Himmelsrichtungen. An der Südwest-Ecke der ersten Terrasse – genau auf Cahokias Nord-Süd-Meridian – stand ein Tempel. Kuppel 72 ist besonders interessant, da Ausgrabungen ans Licht gebracht haben, dass einst ein großer Pfeiler mit einem Durchmesser von fast 1 m genau am Kreuzungspunkt des Meridians stand. Eine Reihe von Kuppelgräbern an derselben Stelle enthielt mehr als 250 Skelette. Das Hauptgrab eines etwa 45-jährigen Mannes war reichlich von Grabbeigaben umgeben: Offenbar war es ein Ort mit besonderer

309

KULTSTÄTTEN

Cahokia

Bedeutung innerhalb einer uns unbekannten kosmischen Symbolik.

Auf dem Gipfel der Mönchskuppel errichteten die einstigen Bewohner von Cahokia einen großen Holzbau, eventuell die Wohnstätte eines Herrschers oder ein Tempel. Der wuchtige Pfeiler vor dem Bau könnte eine indigene Form des Weltenbaumes gewesen sein.

1961 stießen der Archäologe Warren Wittry und sein Team östlich der Mönchskuppel, knapp südlich des Ost-West-Meridians, auf eine Reihe von fünf Holzkreisen, die sie mithilfe der Radiokarbonmethode auf 1000 v. Chr. datierten. Der dritte Holzkreis, mit einem Durchmesser von 125 m, ließ nach seiner Rekonstruktion erkennen, dass die Pfeiler die drei solaren Hauptpositionen markierten: Sommer- und Wintersonnenwende sowie die Tagundnachtgleichen. Dieser Sonnenkreis hatte auch Symbolgehalt: Vom Blickwinkel des Betrachters markierten ein bestimmter Pfahl und die Mönchskuppel am Horizont die aufgehende Sonne zur Tagundnachtgleiche.

Sonnenuntergang Tagun

„Sonnenk

Das Muster des Bechers, der bei dem Pfeiler, der die Wintersonnenwende markiert, gefunden wurde, soll die Peillinien des „Sonnenkreises" von Cahokia abbilden.

KULTSTÄTTEN

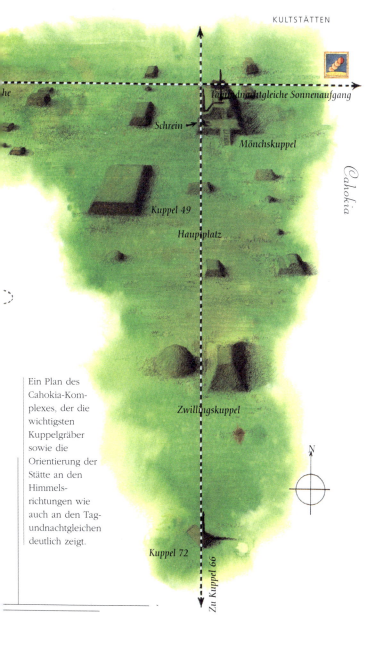

Ein Plan des Cahokia-Komplexes, der die wichtigsten Kuppelgräber sowie die Orientierung der Stätte an den Himmelsrichtungen wie auch an den Tag- undnachtgleichen deutlich zeigt.

CASA GRANDE
USA

Casa Grande („Großes Haus") ist ein rätselhafter, vierstöckiger Bau in einem sonst fast verschwundenen Dorf der Hohokam-Kultur im Süden Arizonas. Die Hohokam („die, die verschwunden sind") kamen wahrscheinlich um 300 v. Chr von Mexiko her und lebten hier bis ins 14. Jahrhundert. Man weiß wenig über sie, außer dass sie mit Bewässerungskanälen die Wüste fruchtbar machten, wunderbaren Schmuck herstellten und offenbar sehr friedlich lebten. Ihre Kultur erreichte ihre Blüte zwischen 1000 und 1400 n. Chr.

Obwohl Casa Grande um 1450 aufgegeben wurde, lassen die Überreste auf seine Größe schließen: Der Bau ist etwa 10 m hoch und hat eine Grundfläche von 18 x 12 m. Seine Grundmauern aus sonnengebranntem Lehm sind etwa 2 m breit und laufen nach oben auf 70 cm spitz zu. Er hatte über 600 Dachbalken aus Pinien-, Zedern- und Tannenholz, das aus einer Entfernung von

KULTSTÄTTEN

80 km herangeschafft werden musste. Das Gebäude hatte elf Zimmer, das Dachgeschoss bestand aus nur einem Raum.

Casa Grande besitzt zwei interessante Öffnungen an den oberen Ecken seiner Westmauer – eine runde und eine quadratische. Die runde Öffnung bildet eine Peillinie zur untergehenden Sonne zur Sommersonnenwende, die eckige Öffnung weist auf eine extreme Untergangsposition des Mondes in seinem 18,6-jährigen Zyklus hin. Ferner besitzt das Dachgeschoss weitere Öffnungen, die an wichtigen solaren und lunaren Positionen ausgerichtet sind.

Allgemein wird angenommen, dass Casa Grande eine Art Observatorium war, aber

Casa Grande

Casa Grandes eckige Öffnung (oben rechts) richtet sich am südlichsten Punkt, an dem der Mond untergeht, aus. Sein runder Gegenpart (oben links) orientiert sich am Sonnenuntergang zur Sommersonnenwende.

313

ein Schlüssel zum Verständnis liegt in den Beobachtungen des Ethnologen Frank H. Cushing, der um 1887 in der Nähe der Pueblo-Indianer lebte. Ihn erinnerte die Anordnung der Zimmer in den Stockwerken an die Muster, die die benachbarten Hopi-Stämme in den Zeremonien zur Segnung ihrer Maisfelder auslegten. Diese Einsicht wurde von David Wilcox, einem anderen Ethnologen, weiterentwickelt, der annahm, dass die astronomische Funktion von Casa Grande Konzepte birgt, die den Segnungszeremonien der Maisfelder zugrunde liegen. Demgemäß steht das mittlere Areal eines Feldes für den „Hügel der Mitte", die umliegenden Gebiete des Feldes sind jeweils den „Hügeln" der vier Himmelsrichtungen samt Zenit und Nadir zugeordnet. Laut dieser Theorie ist Casa Grande die dreidimensionale Ausführung dieser zeremoniellen Muster: Die inneren Räume stehen für den Nadir, Zenit und die „Mitte" oder das Zentrum der Welt; die darumliegenden Räume für die Himmelsrichtungen.

KULTSTÄTTEN

Chaco Canyon

USA

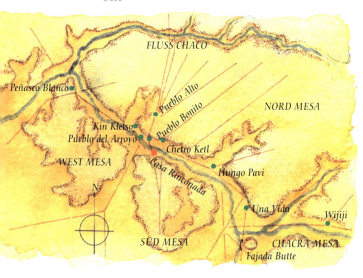

Vor mehr als tausend Jahren lebte der Stamm der Anasazi (Navajo für „die Alten") im Chaco Canyon. Die Anasazi kamen in den letzten Jahrhunderten vor Christus aus Mexiko und erreichten ihre kulturelle Blüte zwischen 900 und 1300 n. Chr. Sie waren nicht nur geschickte Bauherren, Ingenieure und Händler, sondern scheinen

Eine Karte des Chaco Canyon, die die neun Großen Häuser zeigt. Die braunen Linien symbolisieren die rätselhaften „Straßen", die sich kilometerweit durch den Canyon ziehen.

KULTSTÄTTEN

Chaco Canyon

auch in die zeremonielle Astronomie eingeweiht gewesen zu sein. Ihre Kultur ging scheinbar im 14. Jahrhundert unter, allerdings stammen die Pueblos in den südwestlichen USA von ihnen ab.

Der Canyon ist eine breite, flache Sandsteinschlucht, die sich von Osten nach Westen in das trockene Chaco-Plateau in Neu Mexiko gräbt. Heute denken die Archäologen, dass Chaco, obwohl dort permanent Menschen gelebt hatten, hauptsächlich eine Kultstätte mit einem großen Einzugsgebiet war und von den meisten nur zu gewissen Zeiten des Jahres besucht wurde.

Am Grund des Canyons findet man die Ruinen von neun „Großen Häusern",

KULTSTÄTTEN

Chaco Canyon

Eine Ansicht von Pueblo Bonito, dem größten der Großen Häuser im Chaco Canyon. Im Vordergrund sieht man zwei große *Kiva*s – kreisförmige Zimmer für rituelle Zwecke. Der Komplex orientiert sich genau an den Himmelsrichtungen, eine niedrige meridionale (Nord-Süd-Richtung) Mauer teilt ihn in Ost- mehrstöckigen „Dörfern" mit Mauern, Höfen, Lagerstätten und Kivas – großen Zeremonieräumen. Die Großen Häuser dürften in erster Linie zeremoniellen Zwecken gedient haben. Eines davon, Pueblo Bonito, gilt als die größte prähistorische Ruine der USA, die sich über 1,2 Hektar erstreckt und mehr als 800 Räume enthalten haben soll, darunter zwei große und 37 kleine Kivas. Alle Großen Häuser wurden zwischen 900 und 1115 n. Chr. gebaut, insgesamt wurden noch weitere 150 im Canyon gefunden.

An einigen Stellen des Canyons befinden sich Felsmalereien und -reliefs, die von den Navajo oder Anasazi stammen. Man nimmt an, dass diese Markierungen für die Sonnenpriester gewesen sein sollen. Noch in jüngerer Zeit und bis zu einem gewissen Grad noch heute gibt es bei Pueblo-Stämmen, wie den Zuni oder Hopi, eine

317

Die angelehnten Steinplatten bei Fajada Butte sind eine beabsichtigte Vorrichtung zur Leitung der Sonnenstrahlen auf in den Stein geritzte Spiralsymbole auf der hinteren Felswand.

Tradition von Sonnenpriestern, die die aufgehende Sonne über das Jahr hinweg am heimischen Horizont beobachten. Sobald die Sonne an bestimmten Punkten aufging, verkündeten die Priester, dass bestimmte Feiern oder die Saat bestimmter Fruchtpflanzen bevorstand. Bei der östlichsten Ruine des Canyons, Wijiji Pueblo, befindet sich ein weißes Symbol, von dem vier Strahlen ausgehen. Es ist anzunehmen, dass es sich um ein Sonnensymbol handelt, da man zur Wintersonnenwende beobachten kann, wie die Sonne hinter einer natürlichen Sandsteinsäule am gegenüberliegenden Rand des Canyons aufgeht.

An einem Felsvorsprung von Fajade Butte, einer 130 m hohen Sandsteinformation im Südosten

KULTSTÄTTEN

des Canyons, lehnen drei Platten an der Felswand. Eines Vormittags kurz nach der Sommersonnenwende 1977 sah die Künstlerin Anna Sofaer, wie plötzlich ein Lichtstrahl zwischen die Steinplatten auf die dahinterliegende Felswand glitt. Sie fand an der Wand zwei eingravierte Spiralen. Der Strahl traf fast genau die Mitte einer Spirale. Weitere Untersuchungen ergaben, dass genau zu Mittag zur Wintersonnenwende, wenn die Sonne tiefer steht, zwei Lichtstrahlen zwischen die Platten scheinen und das größere Spiralsymbol einrahmen. Zu den beiden Tagundnachtgleichen trifft ein längerer Sonnenstrahl auf die größere Spirale, ein kleinerer die kleine Spirale. Es gibt wohl kaum einen besseren Beweis für die Existenz des Sonnenkalenders der Anasazi.

Um die Wintersonnenwende scheint ein Sonnenstrahl durch eine unge-

Chaco Canyon

Diese Detailaufnahmen zeigen, wie die Sonnenstrahlen die eingravierten Spiralen am Felsvorsprung von Faraje Butten bei den Sonnenwenden treffen. Ähnliche Spiralsymbole stehen weltweit an verschiedenen Kultstätten für die Sonne.

Sommersonnenwende; Mittag

Wintersonnenwende; Mittag

319

KULTSTÄTTEN

Chaco Canyon

wöhnliche Ecköffnung in einem Obergeschoss von Pueblo Bonito. Dieser verbreitert sich täglich, bis er genau zur Sonnenwende ein rechteckiges Lichtfeld an die Wand wirft.

Allein die Bauweise von Casa Rinconada und Pueblo Bonito, die am Grund des Canyons einander direkt gegenüberliegen, verraten astronomisches Wissen. Casa Rinconada orientiert sich an den vier Himmelsrichtungen; seine zwei T-förmigen Eingänge sind genau nord-südlich ausgerichtet. Daraus ergibt sich eine Peillinie zu Pueblo Alto, einem der verfallenen Großen Häuser am oberen Nordrand des Canyons. Auch Pueblo Alto orientiert sich an den Himmelsrichtungen und ist durch eine niedrige, meridionale Mauer in eine westliche und östliche Hälfte geteilt.

Spuren einer Zeremonialastronomie bei den heutigen Pueblo-Indianern lassen auf die solare Architektur und Symbolik einer rätselhaften, zweifellos großartigen verschwundenen Zivilisation schließen.

KULTSTÄTTEN

HOVENWEEP
USA

Der ostseitige Raum von Hovenweep Castle. Öffnungen an der West- und Südwand lassen das Licht der untergehenden Sonne an der Sommer- und Wintersonnenwende herein, an den Äquinoktien dringt das Licht durch das Südtor.

Das an der Grenze zwischen Utah und Colorado liegende Hovenweep National Monument umfasst sechs ungefähr 800 Jahre alte Gebäudegruppen der Anasazi-Indianer (siehe S. 315). Die Bauten, die sich innerhalb und an den Rändern kleiner Canyons befinden, wurden erst 1874 erfasst. Abgesehen von der Erosion sind diese Bauten seit der Zeit der Anasazi unverändert geblieben. Am Grund der Canyons befinden sich Türme in der Nähe von Wasserquellen; an den Felsrändern und -vorsprüngen kleben weitere Gebäude. Einige Tore führen ins Leere und waren wahrscheinlich nur mithilfe von Strickleitern zu erreichen.

Hovenweep Castle, eine Anordnung von D-förmigen Tür-

Grundriss

men und Mauern die bis zu 6,1 m Höhe erreichen, ließ den Archäoastronomen Ray Williamson auf eine Kombination von Peillinien schließen. Der Westturm weist zwei kleine Öffnungen auf, die jeweils am Sonnenaufgang zu den beiden Sonnenwenden ausgerichtet sind, während das äußere und innere Tor eine Peillinie zu der untergehenden Sonne an den Äquinoktien bilden. Da die Chance auf ein zufälliges Auftreten dreier Peillinien 1 zu 216 000 steht, kann man annehmen, dass diese bewusst eingebaut wurden.

Nur wenig davon entfernt befinden sich die Ruinen eines so genannten „Unit-Type House". Sein ostseitiger Raum hat vier Schlitze, die jeweils an den Sonnenaufgängen der Sonnenwenden und Äquinoktien ausgerichtet sind.

Die Innenwände fungieren durch den richtigen Winkel als perfekte Projektionsflächen für die Sonnenstrahlen an diesen bedeutsamen Tagen. Williamson fand auch in anderen Stätten von Hovenweep Hinweise auf astronomische Ausrichtungen.

KULTSTÄTTEN

Teotihuacán
MEXIKO

Etwa 50 km nordöstlich von Mexiko City
liegt Teotihuacán, ein großes urbanes
und zeremonielles Zentrum, das im 1.
Jahrhundert n. Chr. erbaut wurde und
seine kulturelle Blüte zwischen 350 und
650 n. Chr. erreichte. Zu dieser Zeit be-
wohnten rund 200 000 Menschen die
mehr als 26 km² umfassende Stadt. Mit
ihren Tempeln, Schreinen, Plätzen,
Wohn- und Werkstätten war sie größer als
jede europäische Stadt in dieser Zeit. Am
Ende des 8. Jahrhunderts wurde sie
jedoch durch ein Feuer zerstört und ver-
lassen.

Niemand weiß, wer die Erbauer von
Teotihuacán waren, aber es war das
religiöse und wirtschaftliche Zentrum des
Tales von Mexiko und dessen Umgebung – mehr als 1000 Jahre, bevor die
Azteken seine Ruinen fanden und diese
als Wiege aller Zivilisation deuteten. Es
waren auch die Azteken, welche der

KULTSTÄTTEN

Teotihuacán

Stätte den Namen Teotihuacán („Geburtsort der Götter") gaben. Laut ihren Mythen sprang dort Nanahuatzin, ein sterbender Gott, auf ein zeremonielles Feuer, wohin die vier Schöpfungsgötter (die die Himmelsrichtungen verkörpern) sich nicht trauten. Nanahuatzin verwandelte sich in Flammen und wurde zur „Fünften Sonne", die Sonne des jetzigen kosmischen Zeitalters. Sein Freund Tecciztecatl folgte ihm ins Feuer und wurde zum Mond. Die Fünfte Sonne willigte ein, die Welt und den Lauf der Zeit zu regulieren. Die Azteken beschlossen, dass die größere der zwei Pyramiden von Teotihuacán der Sonne und die kleinere dem Mond geweiht war.

Teotihuacán weist einen viergeteilten Grundriss auf, der sich nicht genau an den vier Himmelsrichtungen orientiert, sondern 15,5° nordöstlich verschoben ist. Dies verwirrte anfänglich die Astronomen und Archäologen, denn diese Aus-

Eine Ansicht der Mondpyramide in Teotihuacán, die den davorliegenden Hof und das Ende der Straße der Toten zeigt. Die Bauten, die sie ursprünglich umgaben, sind heute nur noch verfallene Ruinen.

324

richtung zieht sich konsequent durch die ganze Stadt – sogar der Fluss San Juan wurde derart kanalisiert. Diese verschobene meridionale Achse wird durch den großen Zeremonienweg, den die Azteken die Straße der Toten nannten, markiert. Diese zieht sich über 2,4 km und richtet sich im Norden an der Mondpyramide (und an einer Vertiefung im Cerro Gorde, dem heiligen Berg und der Wasserquelle der Stadt) aus. Die Sonnenpyramide liegt genau parallel dazu im Osten der kleinen Pyramide.

Der gestufte Hauptteil der Sonnenpyramide ist über 60 m hoch. Seine Westseite ist den Bergen Cerro Colorado und Cerro Maravillas, die offenbar beide bei den Erbauern von Teotihuacán als heilig galten, zugewandt. Die Forscher suchten jedoch hauptsächlich nach einer astronomischen Antwort auf die seltsame Ausrichtung der Stadt.

Mittlerweile weiß man, dass die Kultstätte von Teotihuacán ihren Ursprung in einer unter der Sonnenpyramide liegen-

KULTSTÄTTEN

Teotihuacán

den Höhle hat, die von einem Lavastrom geformt worden war. Diese Höhle besaß vier Ausbuchtungen und einen Lavatunnel, wodurch ihre Form einem vierblättrigen Kleeblatt ähnelt. Man fand darin klare Hinweise auf ihren rituellen und zeremoniellen Gebrauch. Die kosmische Bedeutung der vier Ausbuchtungen dürfte für die mittelamerikanischen Erbauer von Teotihuacán klar gewesen sein, da sie, wie alle indigenen Völker Mittelamerikas, das Universum nach den vier Himmelsrichtungen unterteilten. Sie maßen auch Nordosten, Nordwesten, Südosten und Südwesten große Bedeutung bei. Aber die Höhle hatte noch mehr zu bieten: Zufällig orientiert sich der Lavagang an der Untergangsposition der Plejaden, die bei den alten mittelamerikanischen Völkern großen symbolischen Wert hatten. Der erste Aufgang der Plejaden in der Morgendämmerung verkündete die

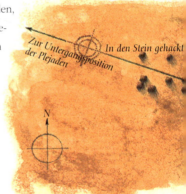

Zur Untergangsposition der Plejaden — In den Stein gehackt

N

326

KULTSTÄTTEN

Zeit, in der die Sonne direkt über dem Breitengrad von Teotihuacán im Zenit stand. An solchen Tagen lösen sich die Schatten mittags nahezu in Luft auf; man hielt diese Momente für kurze Besuche der Sonnengötter. Zusätzlich geht auch bei Teotihuacán die Bahn der Plejaden nur knapp am Zenit vorüber.

Die Sonnenpyramide wurde direkt über der Höhle gebaut und richtete sich am Lavatunnel und somit an der Stelle, wo die Plejaden um 150 v. Chr. hinter den Berggipfeln untergingen, aus. Der amerikanische Archäoastronom Anthony F. Aveni fand heraus, dass die verschobene Nord-Süd-Achse von Teotihuacán eine exakte Querlinie zu der Ost-West-Achse der Plejaden bildet.

Die Ost-West-Achse kreuzte die Straße der Toten knapp südlich der Sonnenpyramide. In der Nähe wurde das

Ein Plan von Teotihuacán zeigt die Ausrichtung der Stadt an der Position, wo die Plejaden um 150 n. Chr. untergingen, und zwei der in den Stein „gehackten" Kreuzmuster, die die allgemeine Ausrichtung der Stätte widerspiegeln.

Zu Cerro Gordo

Mondpyramide

Sonnen-pyramide

In den Stein gehacktes Kreuz

Straße der Toten

Zu Cerro Patlachique

KULTSTÄTTEN

Teotihuacán

erste von 30 in den Stein gehackten Kreuzen der Stätte gefunden. Diese sind etwa einen Meter groß und bestanden aus zwei konzentrischen Lochkreisen, die von zwei Linien gekreuzt und in Fußböden oder Felsen gehackt wurden. Die Achse dieser Kreuze orientiert sich am Raster der Stadt. Nord-Teotihuacán war klar am astronomischen Norden ausgerichtet, während die Sonnen- und Mondpyramide eine gleichmäßige Nord-Süd-Verteilung aufwiesen und einige andere Gebäude dieser Verteilung folgten.

Ein Querschnitt der Sonnenpyramide. Der Grundriss zeigt den Lavatunnel und die Kammer in Form eines Kleeblatts. Der Lavatunnel wurde teils begradigt, um sich genau an der Untergangsposition der Plejaden auszurichten.

KULTSTÄTTEN

UXMAL
MEXIKO

Die Ruinen von Uxmal liegen etwa 80 km von Mérida entfernt im westlichen Yucatán und stellen ein wichtiges Zeugnis der Baukunst der Maya dar. Die Stadt erreichte um 600–900 n. Chr. ihre Blüte, war aber seit Anfang unserer Zeitrechnung bewohnt.

Ein besonders interessanter Bau ist das so genannte „Zwergenhaus", das sich an der Spitze einer Pyramide befindet. Es ist viel zu klein, um von Menschen bewohnt zu werden, daher denken viele, dass dieses und ähnliche Bauten Geistern oder übernatürlichen Wesen Unterschlupf bieten sollten. Viele der Gebäude in der Stadt orientieren sich ungefähr an den Himmelsrichtungen (9° nordöstlich). Der fast 100 Meter lange Herrscherpalast, der in ein rund 20 000-teiliges Steinmosaik gekleidet ist, weicht jedoch deutlich davon ab: Seine Längsachse ist um 19° im Uhrzeigersinn verschoben – seine Vorderfront weist somit

KULTSTÄTTEN

Uxmal

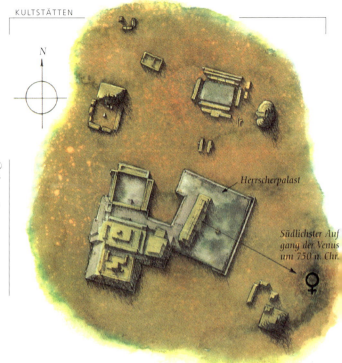

Herrscherpalast

Südlichster Aufgang der Venus um 750 n. Chr.

Ein Plan von Uxmal zeigt die von den anderen Bauten abweichende Ausrichtung des Herrscherpalastes. Sein Eingang weist auf den südlichsten Aufgangspunkt der Venus.

nach Südosten. Er steht auf einem stufenförmigen Plateau auf einer natürlichen Erhöhung. Durch seinen Haupteingang führt eine Peillinie direkt über eine reliefgeschmückte Steintafel und eine doppelköpfige Jaguarskulptur zu einer Pyramide am einige Kilometer entfernten Horizont. Anthony F. Aveni identifizierte

KULTSTÄTTEN

Letztere als Teil von Nohpat, einer anderen verfallenen Kultstätte der Maya. Vom Haupteingang des Palastes aus betrachtet, markierte diese die südlichste Aufgangsposition der Venus.

Die Venus spielte in der Kosmologie der Maya eine wichtige Rolle. Im *Popol Vub,* dem Schöpfungsepos der Maya, ist sie der Teil des Zwillingspaares (dessen anderer Teil die Sonne ist), der mit Krieg und Tod verbunden wird. Daher wurden die Menschenopfer manchmal blau (die Symbolfarbe der Venus) bemalt. Die Verbindung zwischen der Venus und dem Herrscherpalast von Uxmal wird außerdem durch hunderte von Steinmasken des Gottes Chac, die den oberen Gebäudesims säumen, verdeutlicht: Sie alle tragen im Augenlid das Symbol der Venus.

Die Priester der Maya zeichneten in ihren Almanachen die Zyklen der Venus auf, die mit ihrem gesamten Kalender gekoppelt wurden, um daraus die Zeiten für rituelle Kämpfe und Opfer herauszulesen. Allerdings war dies äußerst kom-

Uxmal

KULTSTÄTTEN

Uxmal

Die doppelköpfige Jaguarskulptur im Hof des Herrscherpalastes von Uxmal. Sie liegt auf einer Peillinie zwischen dem Haupteingang des Palastes und der südlichsten Aufgangsposition der Venus.

pliziert. Fünf 584 Tage dauernde Zyklen entsprechen etwa acht 365-tägigen Sonnenzyklen, daher legte man einen 8-jährigen Venus-Almanach an. Aber dieser musste sich wiederum mit dem 260 Tage umfassenden heiligen Almanach der Maya, der einen Zyklus aus 13 heiligen Zahlen und 20 Tagen aufwies, kombinieren lassen. Das Resultat dieser Berechnungen war ein 104-jähriger Großer-Venus-Almanach, der 65 Venuszyklen und 146 heilige Almanache umfasst!

Interessanterweise wird die Peillinie Uxmal-Nohpat am Boden durch einen geraden, heiligen Weg markiert, eine so genannte *Sacbe* („Weiße Straße"). Diese Wege verbanden viele alte Maya-Städte miteinander. Manche Forscher glauben, dass die wichtigen astronomischen Peillinien tatsächlich über ein riesiges Gebiet auf den Boden übertragen wurden.

332

KULTSTÄTTEN

CHICHÉN ITZÁ
MEXIKO

Chichén Itzá, das auf der Halbinsel Yucatán liegt, war sowohl während der Zeit der Maya als auch der Tolteken eine wichtige Kultstätte. „Alt-Chichén" wurde etwa um 600–800 n. Chr. von den Maya erbaut. Der aufgrund seines gewundenen Stufenaufganges so genannte *Caracol* (spanisch „Schnecke") ist laut Anthony F. Aveni „das sicherste Beispiel für die architektonische Eingliederung einer am Horizont orientierten Astronomie". Er besitzt eine rechteckige Plattform, die einen zylindrischen Turm trägt, der westseitig drei horizontale Schächte („Beobachtungsfenster") aufweist.

Die Pyramide El Castillo bei Chichén Itzá (siehe auch S. 336).

Schon in den 1920er Jahren nahm der amerikanische Archäologe Oliver Ricketson an, dass diese Öffnungen für astronomische Beobachtungen genutzt wurden. Aller-

333

KULTSTÄTTEN

dings ist das umliegende Terrain flach und besitzt keine signifikanten Merkmale, wie Gipfel, die als Zielpunkte für Peillinien fungieren könnten. Daher schlug Ricketson vor, dass ein diagonaler Blick – z. B. vom rechten inneren zum äußeren linken Fensterrand – durch diese Schächte genaue astronomische Beobachtungen ermöglicht.

Wendet man diese Methode an, weisen die Schächte tatsächlich auf bedeutsame astronomische Ereignisse hin. Die Peil-

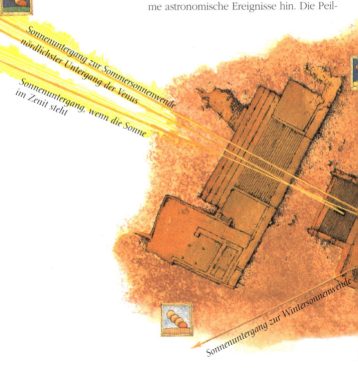

Sonnenuntergang zur Sommersonnenwende
nördlichster Untergang der Venus
Sonnenuntergang, wenn die Sonne im Zenit steht
Sonnenuntergang zur Wintersonnenwende

KULTSTÄTTEN

Der Caracol mit seinen astronomischen Ausrichtungen. Der Hauptplan zeigt die Plattform, auf der sich der runde Turm mit seinem runden Stiegenaufgang befindet. Die Darstellung rechts oben zeigt den Raum im oberen Teil des Turms.

linien von Fenster 1 und vom kleineren Fenster 2 umrahmen genau die südlichste und nördlichste Untergangsposition der Venus, die in der Kosmologie für den gefiederten Schlangengott Kukulcan, das Äquivalent von Quetzalcoatl der Tolteken und Azteken. Außerdem ist die „rechts innen zu links außen"-Diagonale von Fenster 1 am Sonnenuntergang der Tag- undnachtgleiche ausgerichtet.

Von der Plattform, auf der der Turm steht, orientiert sich eine Diagonale je nach Richtung am Sonnenuntergang zur Wintersonnenwende und dem Sonnenaufgang zur Sommersonnenwende. Eine Nische am Stiegenaufgang zur Plattform enthält zwei Säulen, die eine gewisse Neigung zur oberen Plattform aufweisen, die sich – wie

Chichén Itzá

KULTSTÄTTEN

Chichén Itzá

El Castillo (s. auch S. 333) von oben mit seinen Peillinien zu den Sonnenwenden. Zusätzlich bietet der Sonnenuntergang an den Äquinoktien besondere Licht- und Schattenspiele an der Westballustrade der Nordstiege.

Aveni herausfand – am nördlichsten Punkt der Venus ausrichtete.

Es wurden ebenso Peillinien in der Stufenpyramide von El Castillo, die auch als Tempel von Kukulcan bekannt ist, etwa 800 m nordöstlich des Caracol gefunden. Über jede der vier Seiten der 23 m hohen Pyramide führen 91 Stufen hinauf, die samt der oberen Plattform (die die geteilte Stufe der vier Stiegen darstellt) genau 365 Stufen ergeben. Auch andere Maya-Bauten enthalten in unterschiedlicher Form die Zahl 365. Die Archäologen sind daher überzeugt, dass sich diese Zahl auf das Sonnenjahr bezieht.

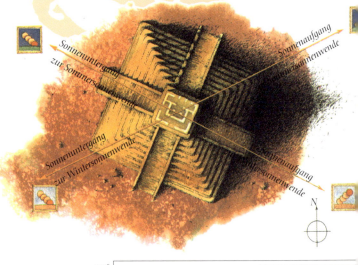

MACHU PICCHU
PERU

Die spektakulären Überreste von Machu Picchu liegen etwa 100 km nördlich von Cuzco. Da diese Zitadelle der Inka auf einem Bergsattel der Anden in 2 440 m Höhe liegt, wurde sie nie von den Spaniern entdeckt. Die Anlage enthält Terrassen, Steinhäuser, Tempel, Plätze und Wohnbauten, die sich an einen Grat zwischen den zwei Gipfeln Machu (alt) Picchu und Huayna (neu) Picchu schmiegen. Die

Eine Ansicht von Machu Picchu, einer Zitadelle der Inka, die zwischen Urwald und Himmel liegt. Die Inka verehrten unter anderem den Sonnengott *Inti*, den obersten Schöpfer *Viracocha* und die Mondgöttin *Mama Kilya*.

KULTSTÄTTEN

Machu Picchu

Zitadelle, bei der man über mehr als 3 000 Stufen erklimmen muss, um sie zu erreichen, wurde erst 1911 von Hiram Bingham wiederentdeckt.

Archäoastronomen haben bei Macchu Picchu zwei interessante Entdeckungen gemacht. Die wichtigere davon ist *Intihuana*, „der Pfosten, an den man die Sonne bindet". Das wichtigste Inka-Fest, *Itni Raymi* (*Inti* war der Sonnengott), fand zur Wintersonnenwende (in der Südhemisphäre am 21. Juni) statt. Dazu führten die Priester der Inka eine Zeremonie vor, in der die Sonne „angebunden" wurde, damit sie nicht noch weiter in den Norden wanderte und für ewig verschwand. Man weiß, dass es noch andere *Intihuanas* im Reich der Inka gab, aber die spanischen Eroberer zerstörten diese für sie heidnischen Symbole: Der Intihuana auf Machu Picchu ist der einzige, den man kennt.

Der aus einem einzigen Granitblock gehauene Intihuana liegt auf der Spitze eines natürlichen Felsvorsprungs. Er besteht aus einer 30 cm hohen, aus einer

338

KULTSTÄTTEN

asymmetrischen Plattform ragendenden Säule, die man für ein Gnomon (einen Schattenmesser ähnlich einer Sonnenuhr) hält. Gerald Hawkins fand heraus, dass man Schatten bis auf 1,25 cm genau messen kann, was einem viertel Grad entspricht. Man konnte somit die Sonnenwenden, Äquinoktien und sogar Abweichungen in den Mondzyklen von diesem „Messgerät" ablesen.

Die andere astronomisch interessante Entdeckung ist der Torreón, ein rechteckiger Tempel, der mittlerweile kein Dach mehr hat. Sein nach Nordosten gerichtetes Fenster weist auf den Sonnenaufgang zur Wintersonnenwende, aber auch auf die Stelle, wo die Plejaden aufgehen. Das Südost-Fenster richtet sich an den aufgehenden Sternen im Schwanz des Skorpions aus, die von den Indigenen *Collca* (Lagerstätte) genannt werden.

Machu Picchu

KULTSTÄTTEN

UAXACTÚN
GUATEMALA

Uaxactún

Sonnenaufgang
Sommersonnenwende

Uaxactún, eine Kultstätte der Maya (250–450 n. Chr.), liegt im Regenwald von Petén. Drei kreuzförmige Petroglyphen, die in ihrer Ausrichtung jenen in Teotihuacán ähneln (siehe S. 328), zeugen von der frühen Gründung der Stadt. In den 1920er Jahren begannen Archäologen in Erwägung zu ziehen, dass die aus einer Pyramide und drei östlich davon liegenden Tempeln (Gruppe E) bestehende Gebäudegruppe ein einziges Sonnenobservatorium darstellte. Aber erst 1978 konnte Anthony F. Aveni beweisen, dass die Sonne, wenn man sie von der Pyramide aus betrachtet, zur Tagundnachtgleiche über dem mittleren Tempel aufgeht. Vom selben Blickwinkel aus geht die Sonne zur Wintersonnenwende am Rand des Nordtempels und zur Sommersonnenwende am Rand des Südtempels auf. Aveni meint, die Kanten des mittleren Tempels würden noch weitere Schlüsselpositionen der Sonne im Kalender der Maya markieren.

Ein Diagramm des Sonnenaufgangs an den Sonnenwenden und Äquinoktien in Uaxactún über den Tempeln der Gruppe E. Der Blickwinkel von der Treppe ist im Pyramidenplan eingezeichnet.

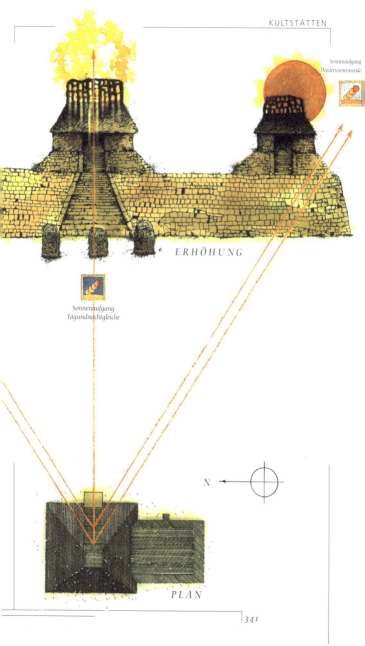

KULTSTÄTTEN

Sonnenaufgang Wintersonnenwende

ERHÖHUNG

Sonnenaufgang Tagundnachtgleiche

N

PLAN

341

KULTSTÄTTEN

CUZCO
PERU

Das Volk der Inka, das im 14. Jahrhundert die Vorherrschaft in den Anden übernahm, nannte seine Hauptstadt *Cuzco*, „Nabel" (der Welt). 1440 begann man mit der symbolischen Anordnung der Stadt, bei der die Hauptgebäude an einem sich an den Zwischenhimmelsrichtungen (NW, NO, SW und SO) orientierenden Diagonalnetz ausgerichtet wurden. Diese Struktur ergibt sich aus einer zwölfstündigen Beobachtung der Milchstraße, die das Firmament entlang dieser Zwischenhimmelsrichtungen zu teilen scheint.

So wie Cuzco der Nabel des Inka-Reichs war, war der Sonnentempel *Corincancha* der Nabel von Cuzco. Er orientierte sich am Sonnenaufgang zur Wintersonnenwende im Juni; an diesem Tag saß der Herrscher in einer goldschimmernden und funkelnden Nische und erstrahlte dabei als „Sohn der Sonne".

Sonnenuntergang zur Sommers

Turm

Sonnenuntergang Mitte August

Turm

Sonnenuntergang zur Tagundnach

Sonnenuntergang zur Tagundnach

OBEN Ein Plan von Cuzco, der seine Vierteilung wie auch seine solaren Peillinien zeigt, die von *Ushnu* – einer am Hauptplatz als Observatorium angebrachten Steinsäule – ausgehen.

342

KULTSTÄTTEN

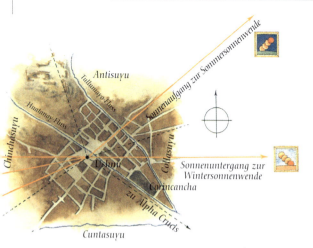

Cuzco

Corincancha war das Zentrum von 41 *Ceques*, Peillinien, die insgesamt 328 *Huacas* (heilige Plätze und Gipfel) miteinander verbanden. Die Zahl 328 entspricht den Tagen eines Inka-Jahres. Die Menschen, die auf einer Ceque lebten, organisierten die Feiern an den jeweiligen wichtigen Tagen ihrer Ceque.

UNTEN Ein Plan der *Ceques* (heilige Peillinien), die von ihrem Zentrum Cuzco ausgehen.

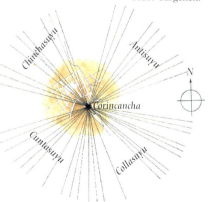

343

KULTSTÄTTEN

MISMINAY
PERU

Der Ethnologe Gary Urton beschäftigte sich eingehend mit dem bei den Andenvölkern vorherrschenden System der Zwischenhimmelsrichtungen. Er konzentrierte sich bei seinen Untersuchungen auf Misminay, eine kleine Gemeinde von Quechua, die von den Inka abstammen, und entdeckte, dass dort die alte Kosmologie noch immer Anwendung findet.

In den Anden ist die Michstraße ein sehr deutliches Merkmal des Nachthimmels. Sie umschließt die Himmelssphäre, sodass immer nur eine Hälfte davon zu sehen ist. Die Fläche ihres Lichtkreises wird aber von jener der Erdumlaufbahn räumlich versetzt, daher scheint sie bei ihrem Auf- und Untergang Purzelbäume zu schlagen. Wenn sie aufgeht, rollt

UNTEN Die schneebedeckten Anden bei Misminay, einem Dorf, das rund 25 km von Cuzco entfernt ist. Gary Urton untersuchte in diesem Gebiet die kosmische Weltsicht der Quechua.

344

KULTSTÄTTEN

sie sich von Osten auf, bis sie das ganze
Firmament umspannt. Sobald sie den
Zenit überschreitet, erstreckt sie sich in
einer langen Diagonale von Nordwesten
nach Südwesten. Zwölf Stunden später
läuft durch die Drehung der Erde das
Milchstraßenband, das auf der anderen
Hemisphäre liegt, durch den Zenit und
teilt so den Himmel in vier Viertel.

Der Punkt am Zenit, wo sich die zwei
Hälften der Milchstraße scheinbar kreuzen
wird von den Misminay-Indianern, die
genau dieses Schema in der räumlichen
Anordnung ihrer Gemeinde widerspiegeln, *Cruz Calvario* (Kalvarienkreuz)
genannt. Zwei an den Zwischenhimmelsrichtungen ausgerichtete Pfade kreuzen
einander im Dorfzentrum, was durch eine
kleine Kapelle, die *Crucero* („Kreuz")
heißt, markiert wird. Auch die Be-
wässerungskanäle von Misminay folgen
dieser X-förmigen Anordnung: Sie laufen
entlang der Wege – ein Wasserverlauf, der
bei dem Volk große Bedeutung hat, da die
Milchstraße für sie *Mayu*, der „Fluss", ist,

KULTSTÄTTEN

Misminay

der das Wasser vom kosmischen Ozean, in dem die Welt schwimmt, wieder als Regen auf die Erde bringt. Sie sehen auch den nahe gelegenen Fluss Vilanota als Spiegelbild der Milchstraße. Ebenso spiegelt Crucero das Cruz Calvario – man kann sich eine unsichtbare Achse zwischen den beiden vorstellen.

In dieser Anordnung lassen sich deutlich die Spuren der Inka erkennen, auf denen, trotz der christianisierten Begriffe, die Weltsicht der Dorfbewohner aufbaut. Steht man beim Crucero, so kann man am Horizont mythologisch wichtige Orte erkennen: im Speziellen die heiligen Berge oder *Apus*, deren Gipfel die Stellen repräsentieren, wo Himmel und Erde aufeinandertreffen. Der nördliche Sektor – das Viertel zwischen der Nordwest- und Nordostachse – ist das Reich der Ahnen. Der wichtigste *Apu* dieses Viertels heißt *Wañumarka*, was „Lagerstatt der Toten" bedeutet. Dort sollen sich die Vorfahren der heutigen Bewohner von Misminay zuerst angesiedelt haben.

KULTSTÄTTEN

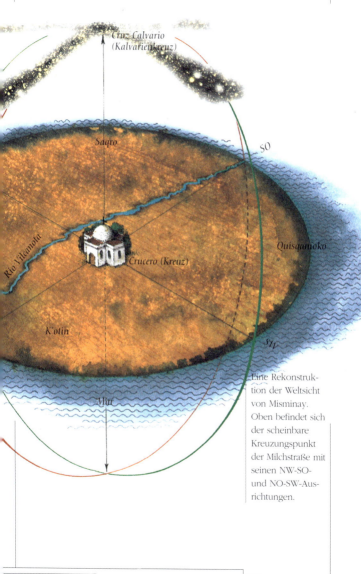

Eine Rekonstruktion der Weltsicht von Misminay. Oben befindet sich der scheinbare Kreuzungspunkt der Milchstraße mit seinen NW-SO- und NO-SW-Ausrichtungen.

347

KULTSTÄTTEN

Europäische Kirchen des Mittelalters

Das Wissen um die astronomische Ausrichtung von Tempeln aus prähistorischen und vorchristlichen Zeiten überlebte bis ins mittelalterliche Europa. Teilweise resultier-

Der aus dem 8. Jahrhundert stammende Marmorthron von Karl dem Großen in der Kapelle des Aachener Doms. Zur Sommersonnenwende müsste ein Sonnenstrahl durch ein Fenster genau auf das Antlitz von Karl dem Großen gefallen sein.

te dies aus der frühen Vorgehensweise der Kirche, die darin bestand, heidnische Traditionen im Zuge der Christianisierung zu integrieren. Auch heute noch werden Kirchen und Gräber ost-westlich ausgerichtet. Der Altar steht dabei im Osten, wo die Sonne aufgeht (die Richtung, aus der gemäß der christlichen Kosmologie der Erlöser das zweite Mal erscheinen wird).

Ein Großteil der mittelalterlichen Kirchen orientierte sich weniger am Osten als am Sonnenaufgang des Tages des jeweiligen Heiligen, dem sie geweiht waren. Dies wurde 1950 in einer Untersuchung von Reverend Hugh Benson von fast 300 englischen Kirchen bestätigt. Er entdeckte außerdem, dass die alte Kirche von St. Piran eine Peillinie mit einem 3 km entfernten prähistorischen Erdbau aufwies – die Stelle, an der die Sonne im 7. Jahrhundert am 15. August aufgegangen war.

Es scheint auch, dass im frühen Europa ein komplexes astronomisches Wissen Anwendung fand, obwohl nur wenig davon bekannt ist. Die Kathedrale von

Chartres in Frankreich, die als Inbegriff gotischer Baukunst gilt, lässt beispielsweise klare Hinweise auf die heilige Astronomie des Mittelalters erkennen. Sie wurde auf einer wichtigen Kultstätte der Druiden vom gallischen Stamm der Karnuten erbaut, auf der die Römer später einen Schrein errichteten. Einige Forscher behaupten sogar, dass dieser Ort schon vor den Kelten der Eisenzeit als heilig gegolten hat, da man ein frühsteinzeitliches, eine Grabkammer oder einen Dolmen beherbergendes Hügelgrab gefunden hat.

Zur Sommersonnenwende fällt mittags ein schmaler Sonnenstrahl durch ein kleines, durchsichtiges Glasfeld im Fenster des heiligen Apollinaire, das sich auf der Westseite des Südschiffs befindet. Dieser Strahl scheint genau auf eine Steinplatte, die sich von den umliegenden in ihrer Größe, Farbe und ihrem Einlegewinkel unterscheidet, vor allem aber enthält sie eine kleine runde Metallscheibe. Zur Sommersonnenwende fällt der Lichtstrahl

KULTSTÄTTEN

genau auf diese Scheibe. Manche Forscher betrachten dies als Zufall, andere jedoch glauben, dass diese vorchristlichen Elemente von den Steinmetzen der Freimaurer in die Kathedrale integriert wurden.

Auch der Dom von Aachen in Deutschland ist von astronomischem Interesse. Der Ort erlangte durch seine warmen Quellen, denen Heilkräfte zugesagt werden, schon zur Zeit der Kelten und Römer Wichtigkeit. Im 8. Jahrhundert baute Kaiser Karl der Große seinen Palast an dieser Stelle. Seine achteckige Burgkapelle (über den römi-

Ein Druck, der zeigt, wie ein Lichtstrahl durch das Sankt-Martins-Loch im Tschingelhorn die Kirche von Elm in den Schweizer Alpen erleuchtet.

Europäische Kirchen des Mittelalters

KULTSTÄTTEN

Europäische Kirchen des Mittelalters

schen Bädern) liegt genau im Zentrum des heutigen Doms. Als in den späten 1970er Jahren der deutsche Fotograf Hermann Weisweiler auf das beste Licht für sein Foto wartete, sah er plötzlich einen Sonnenstrahl durch ein oberes Fenster der achteckigen Kapelle in einem Winkel von 90° einfallen. Weisweiler erforschte die Kapelle danach genauer und fand heraus, dass die Kapelle wie eine richtige Sonnenuhr funktionierte.

An der Sommersonnenwende fiel genau zu Mittag ein Sonnenstrahl auf die goldene Kugel, die dort von der Kuppel hängt, wo der „Kerzenständer von Barbarossa" das himmlische Jerusalem zeigt. Irgendwann hatte wohl auch ein Lichtstrahl das Antlitz (oder die Krone) von Karl dem Großen erleuchtet, als er gerade auf dem mittelalterlichen Krönungsthron saß. Zur Mittagszeit der Wintersonnenwende scheint die Sonne auf ein Mosaik, das Christus als König zeigt. Das durch das Oberfenster gelangende Aufleuchten des Sonnenaufganges zu den Tagundnachtgleichen konnte wohl nur Karl der Große, vor seinem Thron stehend, beobachten. Auch am 16. April – seinem Geburtstag – fällt ein Sonnenstrahl auf den Thron Karls des Großen!

In Elm im Schweizer Kanton Glarus führt ein natürlicher Felstunnel mit 20 m Durchmesser durch das Tschingelhorn, das im Südosten über dem Ort liegt. Laut der Legende entstand dieses Loch, als der heilige Martin seinen Stab nach einem Riesen warf. In den Tagen um die Tag-undnachtgleichen scheint die Morgensonne für zwei Minuten durch dieses Loch und erleuchtet den Kirchturm mit einem über 5 km reichenden Lichtstrahl.

Dies war natürlich schon vor der christlichen Ära so, aber es ist bemerkenswert, dass die Erbauer der Kirche diese Stelle gemäß der heiligen mittelalterlichen Astronomie wählten. Diese Annahme wird auch dadurch untermauert, dass es in den Alpen vier weitere Löcher gibt, durch welche Sonnenstrahlen jeweils auf die Kirche fallen.

INDEX

Kursive Seitenzahlen verweisen auf Bildunterschriften. Einzelne Sterne finden sich unter dem Begriff „Sterne".

Aachen, Dom *348*, 351–353
Abendstern; *siehe* Venus
Abschlussstein; *siehe* Stonehenge
Ägypten, altes *61*, 101, 152, 156, *157*, 170, 177, 182, 206
  Alchemie 88
  Astrologie 87
  Dendera-Tempel 300–301, *300, 301*
  Große Pyramide, Gizeh 157, 289–294, *289, 291, 292*
  Kalender 49, 82, 99, 116, 160
  Karnak 295–299, *297, 298*
  Mondgöttin 116, 117, 123
  Nilüberschwemmung 160, 177
  Schöpfungsmythen 47–49, *48*
  Sonnenanbetung 109–110, *112; siehe auch* Sonnengott
  Tierkreis *300*, 301
  siehe auch einzelne Gottheiten
Aietes 223–224
Akrisios 216, 218–220
Akhenaten 110, *112*

Al-Biruni 208
Alchemie 88–90, *89, 100*, 124
Alexander der Große 83
Alighieri, Dante; *siehe* Dante
Al-Sufi *185, 187*
Amalthea 166
Amenhotep III. *298*
Anasazi-Volk 315–316, 317, 319, 321
  Sonnenkalender 318–319
Andromeda (Sternbild) 210, *211*, 212, *214, 215*, 235
Andromeda (Galaxie) 235
Andromeda und Perseus, Mythos 217–218, 220
Aphrodite/Venus (Göttin) 50, *127*, 129, 133, *133*, 209
Apoll 76, 109, 113, 194, *195*
Apsu 137
Aquila, der Adler (Sternbild) 199, 200
Äquinoktien 17, 20, *21*, *23, 66*, 226, 274, 340
  Caracol, Chichén Itzá 335
  El Castillo, Chichén Itzá *336*
  Fajada Butte 319
  Uaxactún 340, *340*
Araber 80, *140*, 165, 170, 176, *185, 187*, 208, 230, 232

Archetypen 102
Ares/Mars (Gott) 129, 131, *131*, 133, *133*, 224
Argo 164, 168, *168*, 224
Argo Navis (Sternbild) 168–170, *168*
Aristoteles, Kosmologie 57–60
Arkas 233; *siehe auch* Kallisto
Artemis/Diana 118, 203, 232–233
Äskulap *151*, 193–194, 203
Ashtoreth *siehe* Ischtar
Astarte 182, 209
Asteroidengürtel 34
Astraea 184
Astrologen 41, 80, 81, *87*, 148
Astrologie 63, 83–87
  Ptolemäische 41–42
  Christentum und 85–86
  Geschichte 83–87
  Indische 42, 97
  Islamische 42, 97
  Jung und 102–103
  Römische Herrscher und 84–85
  siehe auch Chinesische Astrologie
Aszendent *42*
Aton 110, *112*
Athene *195*, 217, 218, 221, 224
Atum 47–48, 109

INDEX

Aubreylöcher; *siehe*
Stonehenge
Augurium 75
Augustinus, hl. 85
Augustus 85
Aurelian 111
Auriga, der Fuhrmann
(Sternbild) 165–167,
166
Aurora 155
Ausrichtung an
Zwischenhimmels-
richtungen
Cuzco 342
Misminay 344, 346
siehe auch Milch-
straße
Avebury 256–265
Barber Stone *256*
Heiligtum 257–258, 261
Kennet Avenue 257, *260*
Nordkreis *261*
Obelisk 257, 261, *263*
Peillinien 261–265
Swallowhead Spring
123, *124*
Umschließungswall
256–257, 258, *258*,
260, *260*, 261, *261*,
262, *263*
siehe auch Silbury Hill
Aveni, Anthony F. 327,
331, 333, 340
Azteken 51, 325
Kalender *91*, 92, *92*
Schöpfungsmythen
112, 323–324; *siehe
auch* Teotihuacán

Ba (Seele) *61*
Baal 111
Babylonier 82, 83, 93,
110, 182, *199*, 205

siehe auch
Mesopotamien
Badawy, Alex 291, 294
Ballochroy, stehende
Steine *242*
Barnhouse, stehende
Steine 269, *269*
Bauval, Robert 294
Beckhampton, Langgrab
261
Bellerophon 221
Beltane 264, 265, 274
Bernhard, hl. *58*
Benson, Rev. Hugh 349
Beobachtungspunkte
242, 244, 284–285,
334
Bethlehem, Stern von 80,
80
Blausteine; *siehe* Stone-
henge
Bode, Johann 148
Bootes (Sternbild) *79*,
181, 186–190, *187*,
188–189
Mythos 187, *188–189*
Brahe, Tycho *212*
Brennan, Martin 273,
274
Buch der Fixsterne (Al-
Sufi) *185*, *187*
Buddhismus 304
Bumbacher, Stephan
Peter 303

Cäsar, Julius *123*
Cahokia 308–311, *309*,
310, *311*
Callanish 270–271, *271*
Camelopardalis (Stern-
bild) *78*
Canes Venatici (Stern-
bild) 186, 187

Canis Major (Sternbild)
155, *155*, 158–162, *158*;
siehe auch Sirius
unter Sterne
Canis Minor (Sternbild)
158, *158*; *siehe auch*
Prokyon *unter* Sterne
Caracol (Chichén Itzá)
333–336, *335*
Carina, der Kiel (Stern-
bild) 168, *168*
Casa Grande 312–314,
313
Casa Rinconada (Chaco
Canyon) 320
Castle Ditches 248
Castlerigg 226–227, *227*
Ceques 343, *343*
Cetus 217
Sternbild *98*, *211*,
215
Chac 331
Chaco Canyon 315–320,
315, *317*
Chaldäer 93, *94*, 165
Chang E (Heng E) 117
Chaos 50
Chartres, Kathedrale
349–350
Chichén Itzá 333–336
Chimera 221
Chinesische Alchemie
90, 131
Chinesische Astrologie
und Astronomie
95–98, *96*
Planeten 96
Mars 131
Jupiter 136
Saturn 140–141
Venus 126–127
Sterne 96–97, *98*,
162, 227

Index

355

INDEX

Chinesische Geomantik 96
Chinesischer Mythos 117, 235–236,
Chiron 171, 203
Christus; *siehe* Jesus Christus
Christentum
  Astrologie 85–86
  Heidentum 286–288, 349
Coma Berenices (Sternbild) 180
Cor Leonis; *siehe* Regulus *unter* Sterne
Coricancha 342–343
Corona Borealis (Sternbild) 190
Cove; *siehe* Avebury
Castlerigg 226–227, *267*
Crucero (Misminay) 345, 346
Cruz Calvario (Misminay) 345, 346
Cushing, Frank Hamilton 314
Cuzco 342–343, *342, 343*

Dames, Michael 262
Danaë 216, 218
Dante Alighieri 58, *59*, 60, 171
De Sole (Ficino) 113
Deklination *37*, 38–39
Delphi, Orakel von 64, 75, 76
Demeter 182–184
Demiurg 54–56, 64
Dendera-Tempel 300–301, *300, 301*
Dionysos 187, 190
Dogon-Volk 162
Donnervogel 51

Draco (Sternbild) *152*, 196
Dreifache Göttin 118

Ea 132, 137
East Kennet Langgrab 259
Edda 61
Eingeweide 74
Eklipsen 25, *26*, 27
Ekliptik 15, 20, *26*, *27*, 28, *29*, 32, *37*, 41, *42*, 50, 59, 94
  Erdachse 28, 40
  Ekliptikebene 20, 40, 41
  Ekliptikpol 40
El Castillo (Chichén Itzá) *333*, 336, *336*
Elixier der Unsterblichkeit 90
Empyreum (Dante) 58
Entsprechung zwischen Himmel und Erde 72–103
  Misminay 344–346
  Pyramiden *292*, 294
Enuma Anu Enlil 77
Eos (Aurora) 109, 155
Eostre 182
Erdähnliche Planeten *15*
Erde 15–23, *16, 18, 24, 26, 27*, 33, 34, *34*, 35
  Gravitationskräfte *27*
  Obere Konjunktion 36
  Opposition 36
  Rotation 37
  Rotationsachse 16, *16*, 17, 40
  Umlaufbahn 15, *15*
  Untere Konjunktion 36

  siehe auch Mond; Sonne; Sonnensystem
Erdlicht 26, 115
Ereschkigal und Nergal 131–132
Er Grah, Monolith 283–285, *285*
Erigone 187, *189*
Eris 133
Eros (Amor) 209
Estsatleh 62–63
Etrusker 75, *76*, 220
Eudoxus 60
Euhemerismus 100
Euhemerus von Messene 100
Europa 226–227
Externsteine 286–288

Fajada Butte (Chaco Canyon) 318–319, *318, 319*
Felsgravuren
  Chaco Canyon (Fajada Butte) 318, *318*, 319, *319*
  Gavrinis 281, *281*
  Loughcrew *272*, 273–274
  Newgrange 275–276, 277, *277, 278, 279*
  Felszeichnungen 318
Ficino, Marsilio 113
Fluvius Aquarii (Fluss des Wassermanns) 205
Frazer, James 100
Fritz, John M. 304
Fruchtbarkeit 109, 122
  Mond 116–117
  Jungfrau 182, 183, 184
Frühlings-Tagundnachtgleiche 17, 20, *66*, 69, *69*, 208, 222, 226

356

INDEX

Fünf Elemente in der chinesischen Astrologie 96, 97, 141.
Fünfte Sonne (aztekischer Schöpfungsmythos) 112, 324

Gaia 29, 64, 142, 193
Galaxien 234–235
Galilei, Galileo 144
Galle, Johann 145
Ganymed 206
Gao Cheng Zhen 306–307
Gauquelin, Michel 134, 143
Gavrinis 280–282, *281*
Geb 48, *48*, 156
Geomantik *96*
Geozentrisches Universum (ptolemäisches) 60, *105*
Gezeiten 24
Gilgamesch 197–198, *199*
Glover, John 267
Gnomone 306, 339
Goldenes Vlies 164, 172, 222–224
Goltzius, Henrik *123*
Gorgonen 217; *siehe auch* Medusa
Grand Menhir Brisé, Le; *siehe* Er Grah
Gravitationskräfte 24, *29*, *38*, 40, 114
Griechische Mythologie
Schöpfungsmythen 50, 54–56, 57–58
Sonnenmythen 109
siehe auch einzelne Götter

Großer und Kleiner Bär; *siehe* Ursa Major *und* Ursa Minor
Große Häuser (Chaco Canyon) *315*, 316–317, *317*
Große Pyramide, Gizeh 157, 289–294, *289*, *291*, *292*
Peillinien der Luftschächte 291–292, 294
Peillinien mit dem Oriongürtel 156, 292, 294
Präzision der Konstruktion 290
Großer Tempel des Amun; *siehe* Karnak
Grüner Drache (chinesische Astronomie) 97
Großer Wagen oder Pflug (Sternbild) *98*, 181, 186, 187, 188–189, 229–232, *230*, 300; *siehe auch* Ursa Major

Hades/Pluto *147*, 148, 182–184,
Halleyscher Komet *35*, 80
Hashihaka-Grab 302–303, *302*
Hathor *160*, 300–301
Hawkins, Gerald *247*, 252–253, *253*, 297, *297*, 298, 299, 339
Hekate 118
Helikon, Berg 220
Helios/Helius 109, 111
Römische Herrscherund Sonnenkult 111
Hephaistos/Vulcanus 53

Hera 233, 237, *237*
Herakles/Herkules *152*, 196–197, 198, *199*
Arbeiten 179, 198–199
Chiron 171,
Hydra 173, *173*
Nemeischer Löwe 179, 198
Prometheus 200
Hera 237, *237*
Ställe des Augias 198
Herbst-Tagundnachtgleiche 17, 117, 193, 226
Herkules (Sternbild) 94–95
Herkules (mythischer Held); *siehe* Herakles
Hermes; *siehe* Merkur/Hermes
Hermes Trismegistos 72, 88, 124
Hermetische Künste; *siehe* Alchemie; Magie
Herschel, William 144, 147
Hesiod 50
Himmel und Erde 47
Ägyptischer Mythos 47–49, *48*, *51*
Griechischer Mythos 50
Mythos der Indianervölker 51
Trennung 48, *48*, 50, 51
Himmelsäquator 19, 20, 21, *37*
Himmelsfluss (chinesischer Mythos) 235–236
Himmelspole 19, 39, *39*, *170*, 171, 211

Index

357

Himmelsmaß (Gao
Cheng Zhen) 306, 307
Himmelsschmied 53
Himmelssphäre 19–20,
46, *46*, 57–58, 63, 86,
156, *185*, 187
Demiurg 54–56, 57
Sternpositionen 37, *37*
Hinduismus 117, 304
Hipparchus 65
Hippodameia 166
Hippokrene 220
Historische Ereignisse,
astrologische
Bedeutung 68–69, 149
Hohokam-Volk 312
Hopi-Volk 314, 317
Horoskope 83, *87*, 97;
siehe auch Astrologie
Horus 49, 109, 157
Hovenweep 321–322,
321
Hoyle, Fred 254
Huacas 343
Hügelgräber, prähis-
torisch
East Kennet Lang-
grab 259, 260,
261
Gavrinis 280–282
Loughcrew 272–274
Maes Howe 268–269
Newgrange
275–279
West Kennet Lang-
grab 259, 260,
260, 261, 262
Hughes, David 81
Hundsstern 161–162
Hyaden 225, 227, 228,
240, *292*
Hydra 173, *173*
Hyperion 109, *119*

Ikarius 187, *188–189*
Inanna 129
Indien 42, 83, 95, 106,
138, 176, 185, 205,
232, 235, 304; *siehe
auch* Hinduismus;
Vijayanagara
Inka 337–339, *337*,
342–343, 344, 346
Interkalation 49, 92
Inti *337*, 338
Intihuana 338–339, *339*
Ischtar *110*, *136*, 182
Venus 129
Isis 49, 156–157, 160,
160, 182
Isis-Hathor *160*, 301

Jahreszeiten 15, 17, 91
Jason (Held) 164, 168,
223–224
Jesus Christus 68–69,
69, *80*, 81
Julius Cäsar (Shake-
speare) 77
Jung, C. G. *52*, 68,
102–103
Jupiter (Gott) 121, 136,
137, 138; *siehe auch*
Zeus
Jupiter (Planet) 33, 81,
89, 135–138, *135*

Kalzinierung *89*, 90
Kalender 82, 83, 91–94
Ägyptischer 82, 99,
116, 160
Anasazi 319
Aztekischer *91*, *92*
Mond 91, 115
Maya 92, 128, 331
Mittelamerikanischer
92

Venus 93, 128
Kallisto 232–233
Kanya 185
Karl der Große 286,
348, 351, 352–353
Karnak, Tempel
295–299, *297*, *298*
Kassiopeia 217, 218
Sternbild 211, *211*,
212, *213*, 214
Kastor und Pollux
(Polydeuces), Mythos
163–164 *siehe auch
unter* Sterne
Kennet Avenue; *siehe*
Avebury
Kentaur (Sternbild)
170–171, *171*, 202
Kentauren 170, 171,
201, 202–203
Kepheus 217, 218
Sternbild *78*, *211*, 214
Kepler, Johannes *54*, 81
Khepri 109, *110*
Knotenlinien *27*, *29*, 32
Königskammer (Große
Pyramide) *289*,
Ausrichtung 291–294
Kirchen 349–353, *351*
Ausrichtung 349
Kivas (Chaco Canyon)
317, *317*
Koloss von Memnon *298*
Kometen *35*, *78*,
79–80
Königssterne 178, 193,
226
Kopernikus, Nikolaus
13
Kopernikanische
Kosmologie 87
Kosmisches Zentrum
62–64

INDEX

Kosmogonie und
  Schöpfungsmythos 47,
  49, 53
    Ägyptisch 47–49
    Angelsächsisch 53
    Aztekisch 112,
      323–324
    Griechisch 50
      Aristoteles 57
      Platon 54–56
    Maya 52–53, 62, 165
    Mesopotamisch
      136–137
    Nordisch 53
Kosmologie 57–60
  Aristoteles 57–60
  Dante 58, 59, 60
  Islam 60
  Maya 62
  Nordisch 61
  Platon 54–56, 54
  Ptolemäus 60, 105, 140
  siehe auch kos-
    misches Zentrum;
    Kosmogonie und
    Schöpfungsmythos;
    Weltenbaum
Krebs; siehe Tier-
  kreiszeichen
Kreuz des Südens
  (Crux) (Sternbild) 39,
  170, 171
Kreuzmuster
  Teotihuacán 327, 328
  Uaxactún 340
Kukulcan 335

Ladon 152
Lammas-Fest 262, 264,
  265
Lebensbaum 34, 286,
  288; siehe auch Wel-
  tenbaum

Leoniden 180, 180
Lepus (Sternbild) 158
Lévi-Strauss, Claude 102
Lévy-Bruhl, Lucien 101
Lockyer, Sir Norman
  Dendera 300
  Karnak 296–297, 297
  Newgrange 275
  Stonehenge
    248–249, 254
Loughcrew 272–274
Löwe (Sternbild) 173,
  175–180, 175, 198
Lugalmeslam 131
Lughnasa 262, 264,
  274
Lynx (Sternbild)
  173
Lyra (Sternbild)
  199–200, 203

Machu Picchu 337–339,
  337, 339
Macrobius 236–237
Maes Howe 268–269,
  269
Malville, John McKim
  304
Mama Kilya 337
Mandala 304
Maori 119
Marduk 121, 122,
  136–137, 136
Mars (Gott); siehe
  Ares/Mars
Mars (Planet) 15, 34,
  34, 88, 224 130–134,
  131, 193
  "Marseffekt" 134
Marx, Karl 69, 69
Maya
  Kalender 92, 128,
    331

Kosmologie 61–62,
  128, 237, 331
Schöpfungsmythen
  52–53, 62, 165
Stätten:
  Chichén Itzá 333–336
  Uaxactún 340–341
  Uxmal 329–332
Medea 224
Medusa 195, 216–217,
  218, 218
Megalithe 245–255
  Avebury 256–265
  Ballochroy 242
  Barnhouse (Stein)
    268, 268
  Callanish 270–271
  Castlerigg 266–267
  Er Grah 283–285
  Stonehenge 245–255
Menschenopfer in
  Mittelamerika 112, 331
Merkur (Planet) 15, 33,
  88, 93, 120–124
Merkur/Hermes (Gott)
  88, 116, 120–124, 120,
  123, 200, 217
  Hermes
    und Merkur 122
    und Thoth 123
  Merkur
    und keltischer Gott
      123
Meridian 14, 38, 95, 229
Mesopotamien 74–75,
  76, 77, 87, 95, 118,
  120–121, 129,
  131–133, 136–137,
  141, 152, 170, 176,
  177, 179, 182, 191,
  197, 220, 222, 227;
  siehe auch Babylonier
Meteore 80, 180, 180

Index

Milchstraße 67, 171, 199, 201, 202, 234–237, *234*, *236*, *237*, *292*, 344–347, *347*

Misminay 344–347, *344*, *347*

Mithras 111, 226

Mittelamerika 128–129; *siehe auch* Azteken, Maya; Venus

Mittelamerikanische Kultstätten; *siehe* Chichén Itzá; Teotihuacán; Uaxactún; Uxmal

Monks Mound (Cahokia) 308–310, *308*

Mond 24–32, *24*, *26*, *27*, *29*, *31*, 33, 88, 114–119, *115*, *116*, *118*, 119
Als männliche Gottheit 117, 119
Menstruation 116
Umlaufzeit 24, 28, 114
Weiblicher Symbolismus 116–117, *118*–119
Mondeklipse 25, *26*, 27

Mondhäuser (chinesische Astronomie) 96–97, 227

Mondphasen 14, *24*, 25–27, 91, 114–115, 118–119

Mondwenden *31*, 244,

249, 271, *271*, 282, 284, *286*

Mondzyklus *24*, 25, 28–32, *31*, 119

Morgenstern; *siehe* Venus

Myrtilus 166

Mythen des Himmels 99–103, 54–149; *siehe auch* Einzelnamen

Mythologiae (Natalis Comitis) *116*

Mythopoesie 73, 101–102

Naturgeschichte (Plinius d. Ä.) 177

Navajo-Volk 62–63, 315, 317

Nefertiti *112*

Nephthys 49

Neptun *33*, 34, 145–146, *145*, 148, 149

Nergal 131–133, 141, 203

„New Age" 67, 206

Newgrange 275–279, *277*

Newham, C. A. 249–250, 252

Nil, Fluss *292*, 296, 297

Ninurta 141

Nut (Göttin) 48–49, *48*, *51*, 156, 301

Obelisk; *siehe* Avebury

O'Brien, Tim 274, 279

Offenbarung *45*

O'Kelly, Michael J. 278–279

Oinomaos 166

Omen 75–76, 77–81

Omphalos (Zentrum der Welt) 64, *75*, 76

Ophiuchus (Sternbild) 41, *151*, 193–195, *193*, *195*

Orakel 64, *75*, 76

Orion (Sternbild) 153–157, *155*, *156*, *157*, 158, *188*–*189*, 225, *225*, *240*, *291*, 292–294, *292*

Orion (Mythos) 151, 155, 193–194, 203

Osiris 49, 156–157, *157*, *160*, 294

Ostern 182

Paradies (Dante) *60*

Partielle Eklipsen 27

Pegasus (Sternbild) *78*, *173*, 205, *206*, 208, 211, 212, *214*

Pegasus (Mythos) 210, 217, 220–221

Pelias 223

Pelops 166

Persephone/Proserpina *147*, 182–184

Perseus (Sternbild) *166*, *211*, 213, 214, 215, *218*

Perseus (Mythos) 210, 215–220

Pflug 181, 187, 229–232, *230*, 300

Pierre de la Feé; *siehe* Er Grah

Pindar 206

Planeten 33–36, *33*, *34*, *35*, *59*, 120–149
Metalle 88–89, 140
„moderne" Planeten 144–149

Platon 54–56, *54*, 57, *59*

INDEX

Plejaden 225, 227, *227*, 228
  Ausrichtungen
    Machu Picchu 339
    Teotihuacán 326–327 *327*, *328*
Plinius 177
Plutarch 170
Pluto (Gott); *siehe* Hades
Pluto (Planet) *33*, 34–35, *35*, 146, 148, 149
Polarstern 156, 292
  nördlicher (Polaris) 39, 211, 230, *230*, 304, 305
  südlicher (Sigma Octantis) 39, *39*
Polydectes 216, 218
Polydeuces; *siehe* Kastor und Pollux
Ponting, Gerald und Margaret 271
Popul Vuh (Schöpfungsmythos der Maya) 52–53, 331
Poseidon 164, 217
Praesepe 172
Präzession
  der Äquinoktien 40, 42, 65, 67–69, 206–208
  historische Ereignisse 68–69
  Mythos 67
  der Knoten *29*
  der Solstitien 65, 251
Primum mobile 58
Prometheus 200
Prophezeiung 74–76, *74*, *76*, *77*, *59*
  Vögel 74, 75

Kometen 79–80
  siehe auch Astrologie; Augurium; Horoskope
Proserpina; *siehe* Persephone
Ptolemäus 42, 60, 80, 86, 87, *185*
  Kosmologie 60, *105*, 140
Pueblo-Volk 113, 314, 316, 317, 320
Pueblo Alto (Chaco Canyon) 320
Pueblo Bonito (Chaco Canyon) 317, *317*, 319–320
Puppis, der Stern (Sternbild) 168, *168*
Pyramiden *240*, 289–293, *292*;
  siehe auch Große Pyramide
Pyramiden der Sonne und des Mondes;
  siehe Teotihuacán

Quetzalcoatl 112, *113*, 126, 128, 335

Ra 99, 109, 161; *siehe auch* Sonnengott
Ray, Tom 279
Reese, Ronald Lane 299
Re-Hor-achti 298–299
Rektaszension (RA) *37*, 38
Richards, F. S. 297
Ricketson, Oliver 333–334
Ring des Brogar 269
Ringförmige Sonnenfinsternis 27

Randsteine, Newgrange 275–276, *279*
Romulus und Remus 165
Rotationsachse (Erde) 15, *15*, 17
Roter Vogel (chinesische Astronomie) 97

Saint Lizier, Kathedrale 165
Sampo 64
St.-Martins-Loch (Elm, Schweiz) *351*, 353
Santillana, Giorgio de 52, 66
Sarsensteine; *siehe* Stonehenge
Saturn (Planet) *33*, 34, 81, 89, 139–143, *140*
Saturn (Gott) 50, 141–143, *143*
Schamanen 64
Schamash *110*
Schöpfungsmythen;
  siehe Kosmologie und Schöpfungsmythen
Schwarze Schildkröte (chinesische Astronomie) 97
Selene 118–119, *119*, 179
Serpens Caput (Sternbild) 195, 94
Serpens Cauda (Sternbild) 195
Servius 199
Seth (Gott) 49, 156
Sieben Schwestern (Plejaden) *227*, 228
Shu 48, *48*,
Sichel (Sternengruppe) *174*, 176, 178

Silbury Hill 258, 259,
260, *260*
  Ausrichtung
  261–265
  „doppelter Sonnen-
  aufgang" 264, *265*
  siehe auch Avebury
Sin (Gott) *110*, 117
Skarabäus 110
Sofaer, Anna 319
Sol Invictus 111–112
Solstitien 14, 17, *21*, 32,
  65, 67, 174, 179, 193,
  226, 240, 241, 273, 339
Sommersonnenwende
  17, *18*, *23*, *31*, 110,
  174, 177, 224, 240,
  242, *244*
  Ausrichtung
  Aachen *348*, 352
  Ballochroy *242*
  Cahokia 310
  Casa Grande
  313, *313*
  Castlerigg 267,
  267
  Chaco Canyon
  319, *319*
  Chartres
  342
  Chichén Itzá
  335, *336*
  Externsteine
  286, 288
  Gao Cheng
  Zhen 307
  Hashihaka 303
  Hovenweep
  321, 322
  Karnak 297,
  297, 298
  Stonehenge 245,
  247, 248, *249*,

250–251, *253*, 255
Uaxactún 340, *340*
Sonne 15–23, *14*, *15*,
  16, *18*, *21*, *23*, 24–45,
  24, *59*, 77, 88, 95,
  100, *103*, 106, *106*,
  113, 240–353
  eingravierte Symbole
  108, *279*, *319*
  Mythos 107–113
Sonnenauf- und
-untergang
  Obere Konjunktion
  36
  Punkte 20–21, *21*
  siehe auch Kalender;
  Sonneneklipse;
  Sonnengott; Sonnen-
  system
Sonnengott
  Ägypten 48, 49,
  57–58, 99, 109,
  112, 161, 299
  Azteken 112, 324
  Babylonien *110*
  Griechenland 109, 199
  Inka *337*, 338
  Persien 111
  Rom 111–112
Sonneneklipse 25, *26*,
  27
Sonnensystem 15, *15*,
  34, 114, 125, 135, 140
  Kopernikus
  13, 46
  Kepler *54*
  Ptolemäus 60,
  105, 140
Sonnenzyklus 91; *siehe*
  auch Sonnensystem,
  Sonne
Spence, Magnus
  268–269

Sphinx 289
Stein der Weisen 124
Stern von Bethlehem 80,
  80
Sterne 22–23
  Acubens (Alpha
  Cancri) 172
  Adhafera (Zeta Leo-
  nis) 176, 180
  Agena (Beta Centau-
  ri) 171
  Al Nasl (Gamma
  Sagittarii) 202
  Al Nath (Beta Tauri)
  163, 165, *166*,
  225, 226
  Al Rischa (Alpha Pis-
  cium) *69*, 208
  Al Tarf (Beta Cancri)
  172
  Alamak (Gamma
  Andromedae) 212
  Alcor (80 Ursae
  Majoris) 230, 232
  Alcyone (Eta Tauri)
  228, *227*
  Aldebaran (Alpha
  Tauri) 155, 179,
  225–226, *225*
  Algenib oder Mirfak
  (Alpha Persei) 213
  Algieba (Gamma
  Leonis) 176
  Algol (Beta Persei)
  214, *218*
  Alhena (Gamma
  Geminorum) 163
  Alnitak (Zeta Orionis)
  294
  Alpheratz
  (Alpha Andromedae/
  Delta Pegasi) 212,
  214

INDEX

Altair (Alpha Aquilae) 200, 236
Antares (Alpha Scorpionis) 179, 191, 193, *193*, 195, *201*, 202, 225, 226
Arcturus (Alpha Bootis) 181, 186
Bellatrix (Gamma Orionis) 155
Beteigeuze (Alpha Orionis) 155, 160
Canopus (Alpha Carinae) 168, *168*, 170
Capella (Alpha Aurigae) 165, 166, *166*
Caph (Beta Cassiopeiae) 211, 212
Dabih (Beta Capricorni) 203, *204*
Deneb Algedi (Delta Capricorni) 204, *204*
Denebola (Beta Leonis) 176, 179
Dubhe (Alpha Ursae Majoris) 229, *233*
Fomalhaut (Alpha Piscis Australis) 178, 226
Giedi (Alpha Capricorni) 203, *204*
Gomeisa (Beta Canis Minoris) *158*
Hamal (Alpha Arietis) 222, *222*
Hoedi (Nu and Zeta Aurigae) 166, 166
Hundsstern; *siehe* Sirius
Kastor (Alpha Geminorum) 163, 172
Kaus Australis (Epsilon Sagittarii) 202

Kaus Borealis (Lambda Sagittarii) 202
Kaus Medius (Delta Sagittarii) 202
Megrez (Delta Ursae Majoris) 212
Menkalinam (Beta Aurigae) 165
Menkar (Alpha Ceti) 215
Merak (Beta Ursae Majoris) 229
Mintaka (Delta Orionis) 153
Mirach (Beta Andromedae) 212
Mirfak (Alpha Persei) 213, 214, *218*
Mizar (Zeta Ursae Majoris) 230
Na'ir al Saif (Iota Orionis) 153
Nashira (Gamma Capricorni) 204
Nördlicher Asellus (Gamma Cancri) 172
Nunki (Sigma Sagittarii) 202
Phecda (Gamma Ursae Majoris) 212
Pollux (Beta Geminorum) 163, *164*
Prokyon (Alpha Canis Minoris) 158, 160, 163, 172, 175
Ras Algethi (Alpha Herculis) 196
Ras Alhague (Alpha Ophiuchi) 195, 196
Regulus (Alpha Leonis) *175*, 176, 178, 226
Rigel (Alpha

Centauri); *siehe* Toliman
Rigel (Beta Orionis) 155
Sieben Schwestern; *siehe* Plejaden
Sirius (Alpha Canis Majoris) 155, *155*, 158, *158*, 160–162, *160*, *161*, 177, 301
Sirius B 162
Sothis; *siehe* Sirius
Südlicher Asellus (Delta Cancrii) 172
Spica (Alpha Virginis) 181, 182, *183*, 195
Thuban (Alpha Draconis) 156, 291, *291*, 292
Toliman (Alpha Centauri) 170
Wega (Alpha Lyrae) 40, 196, 199, 200, 236
Zosma (Delta Leonis) 176
Zuben Algenubi (Beta Librae) 95
Zuben Alschemali 95
Sternbilder 37–38, 41–42, *42*, *151*, 152–233; *siehe auch* Einzelnamen
Stonehenge *23*, 174, 245–255, *245*, *247*, *249*, *253*
Abschlussstein 245, *245*, 249, 250–252, 255
Aubreylöcher 253–254, 255,
Ausrichtung 247
Bauphasen 255

Index

Index

Blausteine 255
Mondachse 250
Plan, 246–247
Sarsensteine *245,
247, 249,* 250, 255
Fenster 251,
252–253, *253*
Sonnenachse 250
Stationssteine *245,
247,* 248, 249, 255
Stukeley, William 245,
257, 258
Sumerer 129, 131; *siehe
auch* Mesopotamien
Swallowhead Spring;
siehe Avebury

Tempel des Amenhotep
III. *298*
Tempel des Amun;
siehe Karnak
Tempel der Isis; *siehe*
Dendera
Teotihuacán *239,* 323–
328, *324, 327, 328*
Mondpyramide *239,
324, 324,* 325, 328
Plejaden, Ausrichtung
an 326–327, *328*
Rituelle Höhle
325–327, *328*
Sonnenpyramide
239, 324, 325, 327–
328, *327,* 328, *328*
Straße der Toten
239, 324, 325, 328
Verschobene Achse
324–325, 327–328,
327
Theia (Göttin) 109, *119*
Theogonie (Hesiod) 50
Theseus 190
Thomas von Aquin 86

Tian Lang (Sirius) 79
Tierkreis 41–43, *41, 43,
59, 71,* 80, 82, *82,*
103, *103, 225*
Ägyptischer *300,* 301
Arbeiten des Herkules
199
Chinesischer 97–98
Glyphen *8,* 85, 110
Tierkreiszeichen
Wassermann *66,*
67–68, 205–208, *206*
Widder *41,* 42, 68,
208, 215, 222–224,
223
Krebs 110, 172–174,
173, 175
Steinbock *202,* 203–
204, *204,* 205, *206*
Zwillinge 158,
163–165, *163, 164,*
172, *173,* 175, *225*
Löwe *173,* 175–180,
175, 180, 198
Waage 85, 129, 184,
191, *193, 194,* 195
Fische 42, *42,* 67–69,
69, 81, *135, 206,*
208–209, *209*
Schütze *135,* 191,
201–203, *201, 234*
Skorpion *151,* 155,
191– 195, *193, 201,*
202
Stier 111, 129, 153,
155, *155,* 165, *166,
188,* 225–228, *225*
Jungfrau *42, 175,*
181–185, *183, 185,*
186, 187, *189*
Tierkreismensch *72*
Thom, Alexander 254,
266, 283–285, *285*

Thoth 49, 116, 117
und Hermes 123–124
Tiamat 137
Timaeus (Platon)
53–56
Titanen 50, 109, *119,*
200; *siehe auch* Saturn
Transite 36
Trimble, Virginia 291,
294
Tsan (Orion) 227
Tsuki-Yomi 117

Uaxactún 340–341, *340*
Unterweltmythen
Ischtar 132, 132–133,
147, 182–184
Untere Konjunktion 36
Uranus/Uranos (Gott)
50, *127,* 142, 148
Uranus (Planet) *33,* 34,
144–145, 146,
147–148, 149
Ursa Major (Sternbild)
79, *152, 173,* 186,
229–233, *230,* 233
Ursa Minor (Sternbild)
152, 229, 232–233,
230
Urton, Gary 344, *344*
Uxmal 329–332, *330,
332*
Zwergenhaus 329
Herrscherpalast
329–331, *329,
332*

Vela, das Segel (Stern-
bild) 168, *168*
Venus (Göttin); *siehe*
Aphrodite/Venus
Venus (Planet) *15,* 34,
35, 88, 92–93,

125–129, *126*, *129*
Abendstern 36, *126*
Ausrichtung
  Chichén Itzá
    335–336
  Uxmal *330*, 331,
    332
Chinesische Astrologie
  126–127
Mittelamerika
  92–93, 127–129,
  330, 331–332, *332*
Morgenstern 35–
  36, *126*, 128, *129*
siehe auch Aphrodite/
  Venus
Vier Elemente 54, *59*
Vijayanagara 304–305
Viracocha *337*

Wakah-chan 62, 237
Wassermann; *siehe* Tier-
  kreiszeichen
Watchstone 269
Weltenbaum 61–62, 287,
  310; *siehe auch*
  Lebensbaum
Weltseele (*anima
  mundi*) 54–56
Wendekreis des Krebses
  18, 174
Wendekreis des
  Steinbocks *18*

West Kennet Langgrab
  259, 260, *260*, 261,
  262
Weißer Tiger
  (chinesische
  Astronomie) 97
Widder; *siehe* Tier-
  kreiszeichen
Widderpunkt 20, 22, *37*,
  38, *41*, 42, 222
Wieland der Schmied 53
Williamson, Ray 322
Windmill Hill 263
Wintersonnenwende 17,
  18, *31*, 224, 240, *242*,
  244
Ausrichtung
  Aachen 352
  Ballochroy *242*
  Cahokia 310,
    310
  Chaco Canyon
    318, 319–320, *319*
  Chichén Itzá
    335, *336*
  Cuzco 342
  Gao Cheng
    Zhen 307
  Gavrinis 282
  Hashihaka
    302, 303
  Hovenweep
    321, 322

Karnak *297*,
  299
Maes Howe
  268–269, *269*
Newgrange
  275, *275*, 277,
  277, 278–279
Stonehenge
  247, *253*
Uaxactún 340,
  340
Feste 143, 338
Wochentage 93, *94*

Yggdrasil 61
Yin und Yang 127

Zenit 20, 95, 345
Zeus 57, 75, 137–138,
  164, 182, 183, 184,
  216, 224
Amalthea 166
Callisto 233
Danaë 216
Europa 227
Ganymed 206
Geburt 142
Kastor und Pollux 164
Leda 164
Zirkumpolare Sterne *39*,
  292
Zyklopen 50

BILDNACHWEIS

Bildnachweis

Die Herausgeber möchten den folgenden Personen, Museen und Fotoagenturen für die Genehmigung danken, deren Bilder in diesem Buch abzudrucken. Wir haben alle Anstrengungen unternommen, Rechteinhaber ausfindig zu machen. Wenn wir dennoch jemanden übersehen haben, entschuldigen wir uns und werden entsprechende Korrekturen in Nachauflagen anbringen.

SCHLÜSSEL:
o: oben, u: unten, m: Mitte, l: links, r: rechts

AA: The Art Archive, London
AA&A: Ancient Art & Architecture
           Collection, Pinner
BAL: Bridgeman Art Library, London
BL: British Library, London
BM: British Museum, London
CWC: Charles Walker Collection, Yorkshire
MEPL: Mary Evans Picture Library, London
MH: Michael Holford, Loughton
V&A: Victoria and Albert Museum, London

Seite 2 CWC; **11** CWC; **12–13** BAL/BL; **14** B AL/Bonhams; **44** The Pierpont Morgan Library/Art Resource NY; **46** CWC; **48** MH; **51** from *Gods of the Egyptians* (vol.1) by E. Wallis Budge, courtesy of the Trustees of the British Museum; **52** CWC; **55** CWC; **58** BAL/St John's College Library, Oxford, from *The Tables*, an accompanying volume to Dante's *Divine Comedy*, 1872; **61** MH; **66** AA/Bodleian Library, Oxford; **68–69** CWC; **70–71** AA/Sta Cruz Museo, Toledo; **72** AA/Trinity College, Cambridge; **74** Duncan Baird Publishers, London; **75** BM; **78** CWC; **79** CWC courtesy of the Maître de Chapelle de la Cathedrale de Saint-Lazare, Autun; **82** Israel Antiquities Authority, Jerusalem; **84** BAL/Bibliothèque Nationale, Paris; **87** AA/V&A; **89** BAL/BL; **91** CWC; **92** CWC; **96** CWC; **98** Ms Stein 3326, Department of Oriental Manuscripts, BL; **100** CWC; **103** AA/Bibliothèque Nationale, Paris; **104–105** Collection Bibliothèque Municipale de Dijon; **106** AA/Biblioteca Marciana, Venice; **108** AA/Historika Museet, Stockholm; **110** BM; **112** AA, Egyptian Museum, Cairo; **113** CWC; **115** CWC; **116** CWC; **118** André Held; **119** Bildarchiv Preussischer Kulturbesitz, Berlin; **121** CWC; **123** BAL/National Museet Stockholm; **126** Werner Forman Archive, London/Liverpool Museum; **127** Scala, Florence/Museo del Terme, Rome; **130** CWC; **133** AA; **135** Master and Fellows of Trinity College, Cambridge; **136** BM; **140** CWC; **143** Royal Library, Copenhagen; **145** BM; **147** Scala, Florence/Museo Nazionale Reggio di Calabria; **150–151** CWC; **152** CWC **156** CWC;

157 CWC; **161** CWC; **163** BAL/Bibliothèque Nationale, Paris; **170–171** CWC; **173** CWC; **180** Ann Ronan Picture Library, Deddington; **181** JB Collection; **185** Ms Marsh 144, Bodleian Library, Oxford; **187** Ms Marsh 144, Bodleian Library, Oxford; **194** AA; **195** AA; **199** BAL; **202** AA/Glasgow University Library; **209** BAL/Bibliothèque Nationale, Paris; **212** CWC; **221** AA; **BL**; **227** Ms Harley 647 f.4v, BM; **228** Museum of London; **233** CWC; **234** MEPL; **236** MEPL; **236–237** CWC; **238–239** Horizon, Guernsey; **242–243** Imagestate, London/Glover; **245** Imagestate, London; **256** CWC; **258** CWC; **267** Imagestate, London/Glover; **269** Mick Sharp; **278** CWC; **279** CWC; **289** Robert Harding Picture Library, London/Watts; **298** CWC; **300** MEPL; **302** Archaeological Institute of Kashihara, Japan; **305** John Collings **309** Paul Devereux; **313** Paul Devereux; **316–317** Imagestate, London; **324** Paul Devereux; **332** Robert Harding Picture Library, London; **333** Imagestate, London/ Robert Harding Picture Library, London/ Rennie; **337** Horizon, Guernsey/Walter; **338–339** Zefa, London; **348** AKG, London/Erich Lessing.

Die Autoren und Herausgeber möchten auch folgenden Experten und Wissenschaftlern danken, deren Theorien oder Forschung für dieses Buch herangezogen wurden, speziell hinsichtlich der archäoastronomischen Kultstätten:

Eugene Antoniadi, Anthony F. Aveni, Prof. Alexander Badawy, Robert Bauval, Rev. Hugh Benson, Hiram Bingham, Charles Boyle, Martin Brennan, Stephan Peter Bumbacher, John B. Carlson, G. Charrière, Frank Hamilton Cushing, Michael Dames, David Dearborn, James Frazer, John M. Fritz, Leo Frobenius, Michel Gauquelin, Fred Gettings, John Glover, Gerald Hawkins, Willian Herschel, Fred Hoyle, David Hughes, Lucien Lévy-Bruhl, C.A. Newham, Sir Norman Lockyer, John McKim Malville, Terence Meaden, John Michell, Tim O'Brien, Michael J. O'Kelly, Gerald and Margaret Ponting, Richard Procter, Tom Ray, Ronald Lane Reese, F.S. Richards, Oliver Ricketson, Giorgio de Santillana, Anna Sofaer, Magnus Spence, Julius Stahl, William Stukeley, Wilhelm Teudt, Prof. Alexander and Archibald Thom, Dr. Virginia Trimble, Gary Urton, Herthes von Dechend, P. Wakefield, Hermann Weisweiler, John B. White, David Wilcox, Ray Williamson, Warren Wittry.

Die Autoren und Herausgeber danken auch Sebastian Verney für die Genehmigung, seine Zeichnung (S. 43) verwendet haben zu dürfen.